CATALOGUE DES LIVRES

DE LITTÉRATURE, DE BEAUX-ARTS ET D'HISTOIRE
DES OUVRAGES SUR L'ART HÉRALDIQUE

COMPOSANT LA

BIBLIOTHÈQUE DE FEU M. CH.-FR. MAURICE

AVOCAT

Dont la vente aura lieu le jeudi 19 octobre 1871, et jours suivants à sept heures précises du soir

Rue des Bons-Enfants, 28 (maison Silvestre)
Salle n° 1

Par le ministère de Me Delbergue-Cormont, commissaire-priseur
Rue de Provence, 8
Et de Me Gauthier, son confrère, rue Béranger, 12.

PARIS
ADOLPHE LABITTE, LIBRAIRE
4, RUE DE LILLE, 4

1871

Paris. — Imprimerie Adolphe Lainé, rue des Saints-Pères, 19.

CATALOGUE
DES LIVRES

COMPOSANT LA

BIBLIOTHÈQUE DE FEU M. CH.-FR. MAURICE

Paris. — Imprimerie Adolphe Lainé, rue des Saints-Pères, 19.

CATALOGUE

DES LIVRES

DE LITTÉRATURE, DE BEAUX-ARTS ET D'HISTOIRE
DES OUVRAGES SUR L'ART HÉRALDIQUE

COMPOSANT LA

BIBLIOTHÈQUE DE FEU M. CH.-FR. MAURICE

AVOCAT

Dont la vente aura lieu le jeudi 19 octobre 1871, et jours suivants à sept heures précises du soir

Rue des Bons-Enfants, 28 (maison Silvestre)
Salle n° 1

Par le ministère de Me Delbergue-Cormont, commissaire-priseur
Rue de Provence, 8
Et de Me Gauthier, son confrère, rue Béranger, 12.

PARIS
ADOLPHE LABITTE, LIBRAIRE
4, RUE DE LILLE, 4

1871

M. Charles-François Maurice était petit-fils du peintre Maurice, qui fut chargé par l'impératrice Catherine II d'organiser le musée de l'Ermitage, et gendre de feu M. A.-J.-H. Vincent, de l'Académie des inscriptions et belles-lettres. Le premier fonds de sa bibliothèque consistait en livres relatifs au blason et aux beaux-arts. Rapproché de M. Vincent, il l'augmenta beaucoup, particulièrement pour les séries relatives à l'histoire de France et à la technologie. Une fortune assez considérable et ses goûts personnels l'amenèrent à faire plusieurs voyages qui accrurent encore ses collections, surtout dans le domaine artistique. Mais M. Maurice n'était pas seulement un bibliophile collectionnant à l'aventure; c'était, de plus, un modeste chercheur en matière de science et d'histoire héraldiques, et c'est surtout par cette spécialité que se recommande le catalogue de sa bibliothèque. Secondé par Mme Maurice, qui, sous sa direction, apportait un concours intelligent et dévoué à ses recherches, encouragé et guidé par M. Vincent, il préparait l'exécution d'un vaste répertoire critique de la noblesse française et étrangère qui a donné lieu à la rédaction d'une multitude de notes, parmi lesquelles un certain nombre se retrouvent sous la couverture ou à la marge des ouvrages mis en vente aujourd'hui.

On remarquera le monogramme apposé sur les livres de cette bibliothèque. Il contient toutes les lettres qui forment le nom du possesseur CHARLES MAURICE, et porte en exergue la devise :

NUNC NOX MOX LUX.

M. Maurice avait adopté cette devise en ayant égard au véritable rôle du livre, qui est de faire succéder la lumière à l'obscurité dans l'esprit des lecteurs. Plus tard, sous l'influence des idées religieuses, il en étendit l'application au passage de la vie à la mort, et, lorsqu'il expira, le 8 octobre 1869, à peine âgé de 52 ans, l'expression de cette pensée errait encore sur ses lèvres.

ORDRE DES VACATIONS.

Première vacation. — *Jeudi* 19 *octobre* 1871.

1 — 165

Deuxième vacation. — *Vendredi* 20 *octobre*.

166 — 335

Troisième vacation. — *Samedi* 21 *octobre*.

336 — 499

Quatrième vacation. — *Lundi* 23 *octobre*.

500 — 681

Cinquième vacation. — *Mardi* 24 *octobre*.

682 — 850

Sixième vacation. — *Mercredi* 25 *octobre*.

851 — 1015

Septième vacation. — *Jeudi* 26 *octobre*.

1016 — 1189

Huitième vacation. — *Vendredi* 27 *octobre*.

1190 — 1343

Moins 1199

Neuvième vacation. — *Samedi* 28 *octobre*.

1344 — 1443

Supplément.... 1444 — 1464

Chevillard.... 1199

Dixième vacation. — *Lundi* 30 *octobre*.

Livres en lots.

CONDITIONS DE LA VENTE.

Il y aura, chaque jour de vente, de DEUX heures à QUATRE, exposition des livres composant la vacation du soir.

Les livres vendus devront être collationnés sur place dans les vingt-quatre heures de l'adjudication. Passé ce délai, ou une fois sortis de la salle de vente, ils ne seront repris pour aucune cause.

Les acquéreurs payeront, en sus du prix d'adjudication, 5 centimes par franc, applicables aux frais.

CATALOGUE

DES

LIVRES DE LITTÉRATURE

DE BEAUX-ARTS ET D'HISTOIRE

DES OUVRAGES SUR L'ART HÉRALDIQUE

COMPOSANT LA BIBLIOTHÈQUE

DE FEU M. CH.-FR. MAURICE

AVOCAT.

THÉOLOGIE.

1. La Sainte Bible françoise, selon la Vulgate latine, trad. par Frizon. *Paris*, *Jean Richer*, 1621, gr. in-fol , figures, mar. r. (*Armoiries.*)

Bel exemplaire.

2. La Bible, traduction de la Vulgate, par Le Maistre de Sacy. *Paris*, 1837, gr. in-8, fig. demi-rel. ch. r.

3. Le Maistre de Sacy. Histoire de l'Ancien et du Nouveau Testament (Bible de Royaumont). *Paris*, *Curmer*, 1835, in-8, fig. cart.

4. L'Ancien et le Nouveau Testament, représentés en cinq cens tableaux. *S. l.*, 1756, in-fol. v. figures gravées par De Marne.

5. Les Figures complètes de la Bible, gravées par Est. Voysard. *Paris*, *Desray*, 1809, 8 tomes en 4 vol. in-8, fig. demi-rel. ch. n.

6. Krause. Biblisches Engel und Kunst - Werck. *Augspurg*, 1694, in-fol. demi-rel. 30 *planches*.

7. Galleria Biblica, ovvero serie di 90 incisioni in acciaio. *Firenze*, 1842, 2 t. en 1 vol. in-4, demi-rel. mar. r. *figures*.

8. Les Sept Pseaumes penitentiaux. *S. l. n. d.*, in-18, mar. r. *texte gravé*.

9. Jesu Christi, Dei, Domini, Salvatoris nostri, Infantia. *Parisiis*, *Moncornet*, *s. a.*, 14 planches, demi-rel. mar.

10. L'abbé Brispot. La Vie de N.-S. Jésus-Christ, écrite par les quatre évangélistes. *Paris*, *Pilon*, 1853, 2 tomes en 1 vol. in-folio, fig. ch. n. tr. dor.

11. R. P. Olivier Maillard. Histoire de la Passion de Jésus-Christ, composée en 1490 et publiée en 1828, comme monument de la langue française au xve siècle. *Paris*, *Crapelet*, 1828, gr. in-8, cart. n. rogn.

12. Les Évangiles de N.-S.-Jésus-Christ, trad. de Lemaistre de Sacy. *Paris*, *Dubochet*, 1837, in-8, fig. demi-rel. ch. v.

13. Pontificale Romanum. *Romæ*, 1645, gr. in-fol. mar. r. (*Anc. reliure.*)

14. Mazot. Le Tableau de la croix, représenté dans les cérémonies de la sainte messe. 1651, pet. in-8, fig. gr. v. m.

15. R. P. André-Thomas Barenger. Le Guide fidèle de la vraie gloire. *Paris*, *Landry*, *s. d.*, in-8, fig. v. ant.

Volume entièrement gravé.

16. Imitation de N.-S. Jésus-Christ, trad. nouv. de M. l'abbé Dassance. *Paris*, *Curmer*, 1837, gr. in-8, fig. rel. en velours, tr. dor. ferm. en vermeil.

17. Manuscrit Sforza, fac-simile d'après le manuscrit original appartenant au marquis d'Azeglio, ambassadeur de Sardaigne à Londres. *Londres*, *Silvy*, 1860, 2 vol. pet. in-8, cart.

Publié au prix de 50 fr.

18. Office de la Semaine sainte. *Paris, Ant. Dezallier*, 1715, in-8, mar. r. tr. dor.

19. V. Orsini. — Heures de l'Enfance, poésies. *Paris, Delloye, s. d.*, in-8, fig. demi-rel. v. v.

20. Petit Office de la Sainte-Vierge, Élévations, et autres prières tirées de la sainte Écriture, par de la Baume du Perret, le tout gravé par Sénault. *Paris, s. d.*, in-8, mar. br. tr. dor.

21. Les Images de tous les saints et saintes de l'année, suivant le Martyrologe romain, faictes par J. Callot, et mises en lumière par Israel Henriet. *Paris*, 1636, in-4, bas.

Tirage du dix-huitième siècle.

22. Histoire Sacrée en tableaux, avec quelques remarques, par de Brianville. *Paris, De Sercy*, 1693, 3 vol. in-12, v. *Figures de Sébastien Le Clerc.*

23. Cérémonies et coutumes religieuses de tous les peuples du monde, représentées par des figures dessinées de la main de Bernard Picart. *Amst.*, 1739, 7 vol. in-fol., demi-rel. chagr. *figures.*

24. Triomphe du Corbeau, contenant les propriétés et vertus souveraines des mystères de nostre foy et le triomphe du monarque lorrain, fait par messire Anthoine Uzier. *Nancy, Jacob Garnich*, 1619, in-8, cart. (*Réimpression.*)

25. Lamennais. Paroles d'un Croyant. — Livre du Peuple. — Les Evangiles. *Paris, Pagnerre*, 1844, 2 vol. in-12, demi-rel. ch. n.

26. Pantheisticon, sive formulæ celebrandæ sodalitatis Socraticæ (auct. Toland). *Cosmopoli*, 1720, in-8, v. f.

Tiré à petit nombre.

27. Postilla Teutsch, durch J. Spangenberg, mit einer Vorrede D. Martini Luthers. 1543, in-4, cart. figures coloriées.

28. Renan. Etudes d'histoire religieuse. *Paris*, *Michel Lévy*, 1857, in-8, demi-rel. ch.

29. Le Jay. Le Triomphe de la religion sous Louis le Grand, représenté par des inscr. et des devises. *Paris, G. Martin*, 1687, in-12, f. v. br.

30. Journal de la Société de la morale chrétienne. *Paris*, 1822, 7 vol. in-8, cart.

31. De Pradt. Les Quatre Concordats. *Paris*, *Béchet*, 1818, 3 vol. in-8, cart.

32. Dupuis. — Abrégé de l'origine de tous les cultes. *Paris*, *André, an VI*, in-8, v. m.

JURISPRUDENCE.

33. Corpus juris civilis, cum Gothofredi et aliorum notis. *Amstelodami*, *apud Elzevirios*, 1663, 2 vol. in-fol. v. br.

34. Corpus juris civilis academicum Parisiense, opera et cura Galisset. *Lutetiæ Parisiorum*, 1843, gr. in-4, demi-rel. mar. n.

35. Le Droit de la nature et des gens, ou système général des principes les plus importants de la politique, par Puffendorf, trad. par J. Barbeyrac. *Amst.*, 1712, 2 vol. in-4, v. br.

36. Recueil général des formules usitées dans l'empire des Francs du ve au xe siècle, par Eug. de Rozière. *Paris, Aug. Durand*, 1861, 2 vol. in-8, broch.

37. C. Malingre. Traicté de la loi salique. *Paris*, *Cl. Collet*, 1614, pet. in-8, parch.

Édition originale très-rare.

38. Toullier. Le Droit civil français. *Paris, Cotillon, s. d.*, 7 vol. in-8, demi-rel. v. f.

39. Duvergier. Le Droit civil français. *Paris, Renouard*, 1835, 6 vol. in-8, demi-rel. v. f.

40. Code Napoléon en vers français. *Paris, Clément frères*, 1810, pet. in-8, mar. v. fil. dos orné, tr. dor.

41. Code général des lois françaises, avec les notes de Durand et Paultre. *Paris, Cosse et Marchal, s. d.*, 2 vol. in-8, demi-rel. ch. v.

42. Les Codes français annotés par Tripier. *Paris, Cotillon*, 1856, gr. in-8, demi-rel.

43. Le Droit civil, ou coustume reformée et redigée par escrit de la ville de Paris. *Paris, P. L'Huillier*, 1582, petit in-8, parch.

44. Observations historiques et critiques sur le droit public de la principauté de Catalogne et du comté de Roussillon, pour servir à la réfutation des écrits de l'abbé Xaupi (par François Fossa). *Perpignan, C. Le Comte*, 1770, pet. in-4, v. m.

SCIENCES ET ARTS.

I. PHILOSOPHIE.

45. Boutard. Dictionnaire des arts du dessin. *Paris, A. Picard*, 1838, in-8, demi-rel., dos de toile.

46. Cl. Duret. Discours de la vérité des causes et effects des décadences, mutations, changements et ruines des monarchies. *Lyon, Benoist Rigaud*, 1595, pet. in-8 vélin.

47. L'Horloge des princes, avec le très-renommé livre de Marc-Aurèle, recueilli par D. Ant. de Guévare, trad. par Nic. de Herberay. *Paris*, *Jeh. Longis*, 1555, in-fol. demi-rel.

48. Essais de Michel de Montaigne. *Paris*, *L. Rondet*, 1669, 3 vol. in-12, front. gr. v. f. tr. dor.

49. Charron. De la Sagesse. *Paris*, *J.-F. Bastien*, 1783, in-8, fig. v. m. tr. dor.

50. Quatre Dialogues : I. Sur l'immortalité de l'âme. II. Sur l'existence de Dieu. III. Sur la Providence. IV. Sur la Religion (par de Fleury et Dangeau). *Paris*, *S. Mabre-Cramoisy*, 1684, in-12, v. ant.

51. Gaudebout. Miroir de l'univers, où sont représentés le cours de la vie humaine, les quatre saisons, etc. *Paris*, 1659, in-12, parch.

52. Christine, reine de Suède. Pensées. *Paris*, *Renouard*, 1825, in-12, portr. mar. tr. dor.

53. Helvétius. De l'Esprit. *Paris*, *Chasseriau*, 1822, 2 vol. pet. in-12, demi-rel. v. r.

54. J.-J. Rousseau. Discours sur l'origine et les fondements de l'inégalité parmi les hommes. *Amsterdam*, *M. M. Rey*, 1755, in-8, fig. v. m. (*Édition originale*.)

55. Mirabaud. Système de la Nature. *Londres*, 1770, 2 vol. in-8, v. m.

56. Della Imperturbabilità, discorso di Plutarco. *Venezia*, 1812, in-8, mar. r.

Exemplaire imprimé sur vélin.

57. Azaïs. Des Compensations dans les destinées humaines. *Paris*, *A. Eymery*, 1825, 3 vol. in-8, demi-rel. bas.

58. Cours de philosophie positive, par Aug. Comte. *Paris*, *Bachelier*, 1830, 6 vol. in-8, br.

59. A. Quetelet. Sur l'Homme, ou Essai de physique sociale. *Paris*, *Bachelier*, 1835, 2 vol. in-8, demi-rel.

60. A. Garnier. Traité des facultés de l'âme. *Paris*, *Hachette*, 1852, 3 vol. in-8, br.

61. Snider. La Création et ses mystères dévoilés. *Paris*, *Franck*, 1858, in-8, demi-rel. ch. bl.

62. P. Proudhon. De la Justice dans la Révolution et dans l'Église. *Paris*, *Garnier*, 1858, 3 vol. in-12, demi-rel.

63. Michelet. De l'Amour. — L'Insecte. — L'Oiseau. — La Mer. *Paris*, *M. Lévy*, *s. d.*, 4 vol. in-12, demi-rel.

64. Figures pour l'ouvrage de Lavater sur la physionomie. In-4, br.

65. Agrippa. De la Grandeur et de l'excellence des femmes au-dessus des hommes. *Paris*, *F. Barbuty*, 1713, in-12, v.

66. L.-J. Larcher. La Femme jugée par les grands écrivains des deux sexes. *Paris*, *G. Havard*, 1861, gr. in-8, fig. demi-rel. ch. v. pl. en t. tr. dor.

67. De la Prostitution dans la ville de Paris, par Parent-Duchâtelet. *Bruxelles*, 1837, gr. in-8, demi-rel. v. f.

68. De Sivry. Origine des premières sociétés, des sciences, des arts et des idiomes anciens et modernes. *Amsterdam*, *Le Jay*, 1770, in-8, demi-rel. ch. v.

69. Massabiau. De l'Esprit des institutions politiques. *Paris*, *Maradan*, 1821, 2 vol. in-8, demi-rel. v. bl.

70. Vauban. Projet d'une dixme royale. *Paris*, 1707, in-12, v. ant.

2. SCIENCES NATURELLES.

71. A. Maury. La Terre et l'Homme. *Paris*, *Hachette*, 1857, in-12, demi-rel. ch. r.

72. De Origine animalium et migratione populorum Abrah. Millii. *Genevæ*, 1667, pet. in-12, mar. r. fil. tr. dor.

73. Maizières. Recueil d'opuscules sur les sciences. *S. l. n. d.* 26 mémoires en 2 vol. in-8, demi-rel. mar.

74. Diversitez curieuses et historiques, ou différens traitez sur les sciences. *Amsterdam, G. Moreau*, 1702, in-12, demi-rel.

75. Le Musée des sciences. *Paris*, 1856-59, 2 vol. in-fol. fig. demi-rel. v. f.

76. Pluche. Le Spectacle de la Nature. *Paris, veuve Estienne*, 1750, 8 t. en 9 vol. in-12, fig. v. ant.

77. Histoire naturelle, générale et particulière de Buffon; nouvelle édition, avec notes par Sonnini. *Paris, an IX*, 127 vol. in-8, cart. *figures*.

78. Mémoires pour servir à l'histoire naturelle des animaux. *Paris, Impr. roy.*, 1671, in-fol. mar. r. fil. tr. dor. *fig*.

79. Dr Chenu. Les Quadrumanes. *Paris, s. d.*, gr. in-8, demi-rel. fig.

80. Bartholini, de Unicornu. *Amst., Wetstein*, 1678, pet. in-12, r. v. fig.

81. Cynographia curiosa, seu canis descriptio. *Norimbergæ, s. a.*, in-4, demi-rel. mar.

82. Buc'hoz. Catalogue latin et françois des arbres et arbustes. *Londres*, 1785, in-12, v. f.

83. Lecoq. Dictionnaire des termes de botanique. *Paris*, 1831, in-8, demi-rel. mar.

84. L'Agriculture et maison rustique de Ch. Estienne, augm. par J. Liebault. *Paris, J. Duvuys*, 1573, in-4, cart.

La Chasse du loup, de Clamorgan, qui se trouve à la suite, est piquée de vers.

85. La Maison de campagne, journale des hâteaux

et villas. *Paris*, 1860-66, 7 vol. in-8, fig. col. demi-rel. v. v.

86. De Lamarck et Decandolle. Flore française, ou descriptions succinctes de toutes les plantes qui croissent naturellement en France. *Paris*, *Agasse*, 1805, 5 vol. in-8, fig. v. rac.

87. Léopold Delisle. Études sur la condition de la classe agricole et l'état de l'agriculture en Normandie au moyen âge. *Évreux*, *Hérissey*, 1851, in-8, demi-rel. ch.

88. Théorie et pratique du jardinage. *Paris*, *P.-J. Mariette*, 1747, gr. in-4, v. m. *figures*.

89. A. de Laborde. Description des nouveaux jardins de la France. *Paris*, *Delance*, 1808, in-folio, pap. vélin, fig. demi-rel. v. bl.

90. Habitations champêtres, recueil de maisons, de villas, chalets, pavillons, kiosques et jardins, par V. Petit. *S. l. n. d.*, in-fol. cartonné.

91. Victor Petit. Parcs et jardins des environs de Paris. *Paris*, *Monrocq*, gr. in-8, fig. demi-rel. toile.

92. Boitard. Architecte des jardins. *S. l. n. d.*, pet. in-4 obl. fig. demi-rel. v. v.

93. Traité de la composition et de l'ornement des jardins, avec soixante et une planches. *Paris*, *Audot*, 1839, in-4 obl. fig. gr. demi-rel.

94. Traicté de Christophle de la Coste, chirurgien, des drogues et médicamens qui naissent aux Indes. *Lyon*, 1619, pet. in-8, cart.

95. Ph.-Sylvestre Dufour. Traitez nouveaux et curieux du café, du thé et du chocolat. *Lyon*, *Jean Girin*, 1685, in-12, v. ant.

96. De Blegny. Le Bon Usage du thé, du café et du chocolat. *Paris*, 1687, in-12, fig. v. ant.

97. Saint-Disdier. Traitez nouveaux et curieux du

café, du thé et du chocolat. *La Haye, A. Moetjens,* 1693, in-12, fig. cart.

98. Perrault. Essais de physique, ou recueil de plusieurs traitez touchant les choses naturelles. *Paris, J.-B. Coignard,* 1688, 4 vol. in-12, v.

99. Institutions de physique. *Paris, Prault,* 1740, in-8, v. f. fil. tr. dor.

Avec envoi de la marquise du Châtelet à M. d'Argental.

100. Guyot. Nouvelles Récréations physiques. *Paris,* 1799, 3 vol. in-8, demi-rel. v. v.

101. L. Aimé-Martin. Lettres à Sophie, sur la physique, la chimie, etc. *Paris, Nicolle,* 1820, 4 vol. in-12, fig. v. m. tr. dor.

102. Ch. Drion et Fernet. Traité de physique élémentaire. *Paris, V. Masson,* 1861, in-12, demi-rel. v. bl. fig.

103. Herschel. Traité de la lumière, traduit par Quételet. *Paris, Hachette,* 1833, 2 vol. in-8, demi-rel. ch. v.

104. P. Chérubin d'Orléans. La Dioptrique oculaire. *Paris, Thomas Jolly,* 1671, in-fol. v. f. fig.

105. Séb. Le Clerc. Système de la vision. *Paris, F. Delaulne,* 1712, pet. in-8, fig. v. ant.

106. Séb. Le Clerc. Discours touchant le point de vue, où il est prouvé que les choses ne sont veues que d'un œil. *Paris, Thomas Jolly,* 1679, in-12, fig. v. f. fil. tr. dor.

107. Boetius de Boot. Gemmarum et lapidum historia. *Lugd.-Bat.,* 1647, pet. in-8, vélin.

108. P. Brard. Traité des pierres précieuses. *Paris, Schœll,* 1808, in-8, demi-rel. fig.

109. David Jeffries. Traité des diamants et des perles. *Paris, Debure,* 1753, in-8, v. ant. *fig.*

110. Haüy. Traité des caractères physiques des pierres précieuses. *Paris, Courcier,* 1817, in-8, demi-rel.

111. D'Aubuisson de Voisins. Traité de géognosie. *Paris, Levrault*, 1819, 2 vol. in-8, cuir de Russie.

112. James Miller. Eléments de chimie pratique, trad. de l'anglais. *Paris, Ferra jeune*, 1822, in-8, demi-rel. ch. viol.

3. SCIENCES MATHÉMATIQUES.

113. OEuvres mathématiques traictans de géométrie, architecture et fortifications. *Hagæ-Comitis*, 1614, in-fol. obl.

114. Récréations mathématiques. *Rouen, Charles Osmont*, 1630, pet. in-8, demi-rel. mar.

115. Recueil de plusieurs traitez de mathématiques de l'Académie royale des sciences, *Paris, Impr. roy.*, 1676. — Suite des Mémoires pour servir à l'histoire des animaux. 1676. — 2 vol. in-fol. v. m. fil. tr. dor. fig.

116. H. Sonnet. Dictionnaire des mathématiques appliquées. *Paris*, *Hachette*, 1867, gr. in-8, demi-rel. ch.

117. Mesure des lignes. *S. l. n. d.*, pet. in-8, v. tr. dor.

Manuscrit du dix-huitième siècle avec dessins au lavis.

118. Endrès. Manuel du conducteur des ponts et chaussées. *Paris, Mallet-Bachelier*, 1860, 2 vol. in-8, br.

119. Séb. Le Clerc. — Traité de géométrie. *Paris, J. Jombert*, 1690, pet. in-8, fig. v. ant.

120. — Traité de géométrie. *Paris*, *P. Emery*, 1708, pet. in-8, fig. v. ant.

121. — Traité de géométrie. *Paris, Jombert,* 1744, in-8, v. ant. fig.

122. — Traité de géométrie. *Paris*, *J. Jombert*, 1764, in-8, fig. v. ant.

123. Séb. Le Clerc. Pratique de la géométrie sur le papier et sur le terrain. *Paris, Th. Jolly*, 1669, in-12, v. bl. fil. dos et pl. ornés, tr. dor.

124. — Pratique de la géométrie sur le papier et sur le terrain. *Paris, Guillaume de Luynes*, 1674, in-12, fig. v. ant.

125. — Pratique de la géométrie sur le papier et sur le terrain. *Paris*, 1682, in-12, v. ant. fig.

126. — Pratique de la géométrie. *Paris*, 1691, in-12, fig. v. ant.

127. — Géométrie. *Paris*, *Jombert*, 1716, in-12, v. ant.

Tirage à part des figures.

128. — Pratique de la géométrie. *Amsterdam*, 1735, 2 vol. in-12, fig. v. ant.

129. C. Dupuis. Cours de géométrie pratique, d'architecture militaire. *Paris*, *Jombert*, 1773, grand in-fol. demi-rel. bas.

130. Mallet. Les Travaux de Mars, ou l'Art de la guerre. *Paris*, *Denys Thierry*, 1684, 3 vol. in-8, v. ant. fig.

131. — Les Travaux de Mars. *Amsterdam, J. Gillis Janson*, 1685, 3 vol. pet. in-8, v. ant. fig.

132. Devoirs de l'homme de guerre. *La Haye, Henry von Bulderen*, 1693, 4 tomes en 2 vol. in-12, demi-rel. v. f. fig.

133. Clermont. L'Arithmétique militaire. *Paris*, *P. Witte*, 1733, in-4, v. m.

134. Desprez de St-Savin. Nouvelle École militaire, dédiée à Son Altesse Mgr le prince de Conty. *Paris*, *Le Mercier*, 1735, pet. in-4, obl. fig. v. m.

135. Das sechste Buch von der Fortification Bonajuti Lorini. *Oppenheim*, 1616, in-fol. br. *fig. de Th. de Bry*.

136. La Fortification démonstrée et réduite en art,

par feu Errard, de Bar-le-Duc. *S. l.*, 1622, in-fol. vélin, *fig.*

137. Les Fortifications du chevalier Antoine de Ville, Tholosain, avec l'attaque et la défense des places. *Lyon*, 1628, in-fol. v. br. *fig.*

138. L'Architecture militaire, ou la Fortification nouvelle, par Adam Fritach. *Leyde*, *Elzeviers*, 1635, in-fol. vél. *fig.*

139. Grand Art d'artillerie, par le sieur Casimir Siemienowicz, chevalier lithuanien, mise en français par Pierre Noizet. *Amst.*, *Janson*, 1651, in-fol. vélin, *figures.*

140. Surirey de Saint-Remy. Mémoire d'artillerie. *Paris*, *Jean Anisson*, 1697, 2 vol. in-4, v. m.

141. Gaya. Traité des armes, des machines de guerre, des feux d'artifices, etc. *Paris, S. Cramoisy*, 1678, in-12, fig. v. ant.

142. Blondel. L'Art de jeter les bombes. *La Haye*, *A. Leers*, 1685, in-12, fig. parch.

143. Fançois de Malthe. Traité des feux artificiels. *Paris, P. Guillemot*, in-12, v. ant. fig.

144. Regole militari del cavalier Melzo sopra il governo et servitio della cavalleria. *In Anversa*, 1611, in-fol. vélin, *nombreuses figures.*

145. V. Biringuccio. — La Pyrotechnie, trad. en franç. par Jacques Vincent. *Paris*, *Cl. Frémy*, 1556, in-4, v. f. fig.

146. La Pyrotechnie de Hanzelet, Lorrain. *Au Pont-à-Mousson, par Gasp. Bernard*, 1630, in-4, cart. *fig.*

147. Delaunay. Cours élémentaire de mécanique. *Paris, Masson*, 1854, in-12, demi-rel. v. gr.

148. Cellarius. Atlas Cœlestis. *Amstel.*, 1661, in-fol. v. *fig. coloriées.*

149. Fontenelle. Entretiens sur la pluralité des mondes. *Paris, Janet et Cotelle*, 1820, in-8, demi-rel. v. gr. n. rog.

150. D'Anville. Proposition d'une mesure de la terre. *Paris*, *Chaubert*, 1735, in-12, fig. mar. r. fil. tr. dor.

151. Calendrier solaire, perpétuel et universel, publ. par M. Ruelle. *Paris*, 1789, in-12, mar. r. (*Anc. rel.*)

152. Recherches sur les météores et sur les lois qui les régissent, par Coulvier-Gravier. *Paris*, *Mallet-Bachelier*, 1859, in-8, br.

4. MÉDECINE.

153. A. Comte. Structure et physiologie de l'homme, démontrées à l'aide de figures coloriées, découpées et superposées. *Paris*, *V. Masson*, 1861, 2 part. pet. in-8, demi-rel. dos de toile.

154. Recueil d'ouvrages sur la physiologie et les sciences occultes, par Debay, Flourens, Cuvier, etc. *Paris*, 1860 et années suivantes, 18 vol. in-12, demi-rel.

155. J. Paleyn. Description anatomique des parties de la femme qui servent à la génération, avec un traité des monstres. *Leide*, 1708, in-4, v. f. fig.

156. Gœury-Duvivier. Guide des malades atteints d'affections des voies urinaires. *Paris*, *Ledoyen*, *s. d.*, in-8, demi-rel. v. f. fig.

157. Hippolytus redivivus, id est remedium contemnendi sexum muliebrem. *Anno* 1644, in-12, veau.

158. Bartholini, de usu flagrorum in re medicina et veneria. *Francof.*, 1670, pet. in-8, demi-rel.

159. Divisiones Rhasis, Zachariæ filii. (*Ad fin.* :) *Impressum Lugduni, per Gilbertum de Villers*, 1510, pet. in-8, goth. vélin.

160. Ambroise Paré. OEuvres. *Paris*, *Nicolas Buon*, 1614, in-fol. v. f.

161. Traité des eunuques, dans lequel on explique toutes les différentes sortes d'eunuques. *Paris*, 1707, in-12, v. m.

162. Traditions tératologiques, par Berger de Xivrey. *Paris, Impr. roy.*, 1836, in-8, br.

163. Dorvault. L'Officine, ou Répertoire général de pharmacie pratique. *Paris, Asselin*, 1866, gr. in-8, demi-rel. ch. v.

164. Bernard de Palissy. Discours admirables de la nature des eaux et fontaines. *Paris, Martin le jeune*, 1580, pet. in-8, vél. bl. (*Piqûres.*)

165. P.-J. François. La Science des eaux. *Rennes, P. Hallaudays*, 1653, pet. in-4, parch. fig.

5. PHILOSOPHIE HERMÉTIQUE.

166. Recueil de mémoires sur les sciences occultes, par Maier, Camérarius, Blumler, Goricius, Beern, etc. 25 part. en 2 vol. in-4, demi-rel.

167. Albumazar. Flores astrologiæ. *Venetiis, Sessa, s. a.*, in-4, gothique à longues lignes, fig. sur bois.

168. Hæc Practica Narratio de presenti anno et sequentibus annis de novis, raris et inauditis rebus et gestis quæ futura sunt in mundo. (*Ad finem :*) *In urbe Argentina*, 1499, pet. in-4, demi-rel. mar. fig. sur bois.

169. Raymundi Lulli Ars magna generalis et ultima. *Lugd.*, 1517, in-4, gothique.

Le dernier feuillet troué.

170. — Opera quæ ad artem universalem pertinent. *Argentorati*, 1651, pet. in-8, vélin.

171. Cornelii Agrippæ de Occulta Philosophia. 1533, in-fol. vélin.

172. Cœlum philosophorum seu de secretis naturæ liber, Philippo Ulstadio authore. *Argentorati*, *J. Grimynger*, 1526, in-fol. vél. *figures.*

173. Vaticinia seu prophetiæ abbatis Joachimi. *Venetiis*, 1589, in-4, bas. fig.

174. Fludd. Opera varia. *Oppenheim*, *De Bry*, 1617, 11 part. en 5 vol. in-fol. *figures.*

175. Symbola aureæ mensæ duodecim nationum, authore Mich. Maiero. *Francofurti*, 1617, in-4, vélin, *figures.*

176. Tripus Aureus, seu tres tractatus chymici selectissimi, opera et studio Mich. Maieri. *Francof.*, 1618, in-4, mar. r. fil. tr. dor.

177. Enchiridion Leonis papæ, Carolo Magno in munus pretiosum datum (suivi des Secrets mystiques). *Moguntiæ*, 1633, in-18, mar. v.

178. De Monstrosorum natura, causis, auctore Liceto. *Patavii*, 1634, in-4, fig.

179. H. Conringii. De Hermetica Ægyptiorum medicina. *Helmestadii*, 1648, in-4, vél.

180. Tractatus Jani Boissardi, de Divinatione et magicis præstigiis. *Oppenheim*, *Th. de Bry*, *s. d.*, in-fol. v. br.

181. Aurum superius et inferius hermeticum, Christ. Balduini. *Amst.*, 1675, in-12, mar. v. (*Anc. rel.*)

182. Opus mathematicum libros complectens chiromantiæ et medicinæ studiosis utiles. *Coloniæ*, 1683, in-fol. demi-rel.

183. Le Triomphe hermétique, ou la Pierre philosophale victorieuse. *Amsterdam*, *Henry Wetstein*, 1689, in-12, v. gr.

184. Wolf. Curiosus amuletorum Scrutator. *Francof.*, 1692, in-4, bas.

185. B. Bekker. Le Monde enchanté. *Amsterdam*, 1694, 4 vol. in-12, v. m.

186. J. Belot. OEuvres contenant la chiromancie. *Liége*, *Streel*, 1704, in-12, v.

187. L. de Vallemont. La Physique occulte. *Paris*, *J. Boudot*, 1709, in-12, fig. v. ant.

188. Bibliothèque des philosophes chimiques. *Paris*, *André Cailleau*, 1741, 4 vol. in-12, v. f. fil. tr. dor.

189. Villars (l'abbé de). Le Comte de Gabalis. *Londres*, *Vaillant*, 1742, 2 vol. in-12, v. m.

190. Histoire de la philosophie hermétique. *Paris*, *Coustelier*, 3 vol. in-12, v. m.

191. Museum hermeticum reformatum et amplificatum. *Francofurti*, 1749, in-4, demi-rel. v. ant. figures.

192. Lettres cabalistiques (par le marquis d'Argens). *La Haye*, *P. Paupie*, 1770, 7 vol. in-18, v. m.

193. De Ineffabili ac gloriosissimo Dei nomine. *S. l. n. d.*, pet. in-8, parchemin.

Manuscrit de philosophie hermétique sur VÉLIN, écrit dans le XVIIIe siècle, et orné de figures. Il est très-bien exécuté.

194. J. Bêhme. L'Aurore naissante, ou la racine de la philosophie, trad. par St-Martin. *Paris*, *Laran*, 1800, in-8, demi-rel. cart.

195. Collin de Plancy. Dictionnaire infernal. *Paris*, *Mongie*, 1818, in-8, demi-rel. v. r.

196. Hermès, ou Archives maçonniques. *Paris*, *Bailleul*, 5819, 2 vol. in-8, cart.

197. Eusèbe Salverte. Des Sciences occultes. *Paris*, *Sédillot*, 1829, 2 vol. in-8, br.

198. F. Denis. Le Monde enchanté, cosmographie et histoire naturelle fantastiques. *Paris*, *A. Fournier*, 1843, in-12, fig. demi-rel.

199. Eliphas Lévy. La Clef des grands mystères. *Paris*, *Germer-Baillière*, 1861, in-8, br.

200. H. Blanc. Le Merveilleux. *Paris*, *Plon*, 1865, in-8, demi-rel. bas.

6. BEAUX-ARTS.

a. *Généralités.*

201. Nicolaus Brontius, Duacensis, Libellus de utilitate et harmonia artium. *Antuerp.*, 1541. — Libellus litterarum parandarum, 1541, — 2 part. en 1 vol. in-12, demi-rel. (*Nombreuses fig. sur bois*).

202. Opuscules sur les Beaux-Arts, par Beulé, Em. Galichon, d'Arcet, Huguenin, etc. — 10 p. en 1 vol. gr. in-8, demi-rel., mar. r.

203. T. Gautier. Les Beaux-Arts en Europe. *Paris*, *M. Lévy*, 1855, in-12, demi-rel.

204. Lacombe. Dictionnaire portatif des beaux-arts. *Paris*, 1759, in-12, v. m.

205. Gazette des Beaux-Arts. Courrier européen de l'Art et de la Curiosité (publ. par M. Galichon). *Paris*, 1859-68, 25 vol. in-4, fig., demi-rel. v. f. (l'année 1869 en livraisons).

206. La Chronique des Arts. *Paris*, 1863-66, 4 vol. in-4, demi-rel. v. f.

207. L'Art pour tous, encyclopédie de l'art industriel et décoratif. *Paris*, *Morel*, 1861-68, 7 vol. in-fol. fig. demi-rel., v. r.

208. P. Lacroix et F. Seré. Le Moyen-Age et la Renaissance. *Paris*, 1848, 5 vol. in-4, fig. noires et en couleurs, demi-rel. ch. v.

209. Monogrammen Lexicon, von Heller. *Bamberg*, 1831, in-8, demi-rel. mar.

210. Christ. Dictionnaire des monogrammes, chiffres, lettres initiales, logogryphes, sous lesquels les peintres ont dessiné leurs noms ; trad. de l'al-

lemand. *Paris, Guillyn*, 1762, in-8, demi-rel. dos et coins de v. f.

b. *Peinture.*

211. A. Bosse. Sentiments sur la distinction des diverses manières de peinture, dessein et graveure. *Paris*, 1649, in-18, parch.

212. — Le Peintre converty aux précises et universelles règles de son art. *Paris*, 1667, in-8, fig. v. ant.

213. — Traité des pratiques géométrales et perspectives enseignées dans l'Académie royale de peinture. *Paris*, 1665, p. in-8, fig. v. ant.

214. Séb. Leclerc. Les Vrais Principes du dessin. — Divers Costumes françois sous Louis XIV. — Figures de la Passion, in-16. — Les Miracles. — Diverses suites de figures de chevaux, etc. — Environ 200 planches en 2 cartons.

215. P. Monier. Histoire des Arts qui ont rapport au dessein, divisée en 3 liures. *Paris, P. Giffart*, 1698, in-12, fig., v. f.

216. J.-B. Corneille. Les Premiers Éléments de la peinture pratique. *Paris*, 1684, in-12, fig., demi-rel. v. f. 20 pl.

217. C.-A. Du Fresnoy. L'Art de peinture. *Paris, N. Langlois*, 1684, in-12, v. m.

218. D'Arclais de Montamy. Traité des couleurs pour les peintures sur porcelaine. *Paris, Cavelier*, 1765, in-12, demi-rel. v. f.

219. The Grammar of ornament, by Owen Jones. *London*, 1856, gr. in-fol. 100 planches en couleurs.

220. Ornements dédiés à S. A. R. la princesse Marie. *Paris, Deflorenne*, *s. d.* 2 vol. in-4, fig. demi-rel.

221. Rigollot. Grammaire des arts du dessin. *Paris, Dumoulin*, 1864, 2 vol. in-8, avec un atlas in-4, demi-rel. ch. r.

222. Les Règles du dessin et du lavis. *Paris, Jombert*, 1743, in-8, fig. v. f.

223. La Perspective curieuse, par J-.Franç. Niceron. *Paris*, *Billaine*, 1638, in-fol. vélin. (*Figures*).

224. P. Niceron. La Perspective curieuse. *Paris*, *J. Du Puis*, 1663, in-fol. v. fig.

225. P. Dubreuil. — La Perspective practique nécessaire à tous peintres, graveurs, etc. *Paris*, *M. Tavernier*, 1642, in-4, fig. demi-rel. v. f.

226. Edme-Sébastien Jeaurat. Traité de perspective à l'usage des artistes. *Paris*, *Joubert*, 1750, gr. in-4, fig. demi-rel. v. f.

227. Le Pitture antiche del sepolcro dei Nasoni, designate da P. Santi Bartoli, descritte da Bellori. *In Roma*, 1680, in-fol. demi-rel. fig.

228. La Grèce tragique, compositions, par Etex. *Paris*, *s. d.* in-4, obl. demi-rel. mar.

229. L. Viardot. Les Musées de France (Paris). *Paris*, *L. Maison*, 1855, in-12, demi-rel.

230. F. Villot. Notice des Tableaux du Louvre. *Paris*, *Vinchon*, 1852, in-8, demi-rel.

231. — Notice des Tableaux exposés dans les galeries du Musée impérial du Louvre. *Paris*, 1855, in-8, demi-rel. toile.

232. Batailles d'Alexandre le Grand, roi de Macédoine, peintes par Le Brun et gravées par Sébastien Le Clerc. 1784, in-4. demi-rel. *fig*.

233. Explications des Tableaux de la galerie de Versailles et de ses deux salons. *Versailles*, *Muguet*, 1687, in-4, mar. r. tr. dor. (*Anc. rel.*)

234. Armengaud. Galeries publiques de l'Europe

(Rome). *Paris*, *J. Claye*, 1856, in-folio, fig. m. r. tr. dor.

235. Musée royal de Naples, peintures, bronzes et statues érotiques du cabinet secret. *Paris, Ledoux*, 1836, in-4, demi-rel. ch. n.

236. Descrizione della Galleria Doria, da Salvatore Tonci. *Roma*, 1794, in-12, v. tr. dor.

237. Achille Jubinal. Explication de la Danse des morts de la Chaise-Dieu, fresque du xve siècle. *Paris*, *Challamel*, 1841, gr. in-4, demi-rel. ch. n. et grande planche collée sur toile.

237 *bis*. Explication des peintures, sculptures et gravures de Messienrs de l'Académie royale, dont l'exposition a été ordonnée. *Paris, veuve Hérissant*, 1785, in-12, demi-rel. v. v.

238. Langlois. Mémoire sur la peinture sur verre et sur quelques vitraux remarquables des églises de Rouen. 1823, gr. in-8, demi-rel. *fig.*

239. E. Thibaud. Notions historiques sur les vitraux anciens et modernes et sur l'art de la peinture vitrifiée. *Clermont-Ferrand*, 1838, in-8, demi-rel. v. r.

240. Ferdinand de Lasteyrie. Quelques mots sur la théorie de la Peinture sur verre. *Paris*, *Victor Didron*, 1852, in-12, demi-rel.

241. L. Dussieux. Recherches sur l'histoire de la Peinture sur émail. *Paris*, *Leleux*, 1841, in-8, demi-rel. v. r.

242. Vies des Peintres (par D'Argenville), avec supplément. *Paris*, *De Bure*, 1752, 3 vol. gr. in-4, fig., v. m.

243. A. Siret. Dictionnaire historique des Peintres de toutes les écoles, depuis les temps les plus reculés jusqu'à nos jours. *Bruxelles*, 1848, gr. in-8. demi-rel. ch. r.

244. J.-B. Descamps. La Vie des peintres flamands.

Paris, *Desaint*, 1764, 4 vol. in-8. — Voyage pittoresque de la Flandre et du Brabant. *Paris*, 1769. — Ensemble, 5 vol. demi-rel. mar. r. n. rogn.

245. C.-P. Landon. Vies et œuvres des peintres les plus célèbres de toutes les écoles (Le Dominiquin). *Paris*, 1803, in-4, demi-rel. bas. 60 planches.

246. Éloge historique de Callot (par Husson). *Bruxelles*, 1766, in-8, demi-rel. bas.

247. E. de la Chavignerie. Recherches historiques, biographiques et littéraires sur le peintre Lantara. *Paris, Dumoulin*, 1852, in-8, fig., demi-rel.

248. Champfleury. De la Tour. *Paris*, *Didron*, 1855, in-8, demi-rel. bas.

249. Recueil de dessins pour l'Art et l'Industrie, gravés par Adalbert de Beaumont. *Paris*, 1859, 180 planches gr. in-fol. dans un carton.

250. Lettres ornées peintes du xve siècle, sur vélin. 20 pièces. — Lettres ornées, gravées sur bois. Environ 200 pièces.

251. The Book of ornamentals alphabets ancient and mediæval. *London,* 1860, in-8 obl. pl. en couleurs.

252. Recherches sur l'origine et l'usage des tapisseries à personnages, dites historiées. *Paris*, 1852, in-8. fig. demi-rel. bas. (*Extrait.*)

253. Tapisseries du Roy, où sont représentez les quatre élémens et les quatre saisons, avec les devises qui les accompagnent. *Paris*, *Cramoisy*, 1679, in-fol. vélin.

c. *Gravure.*

254. A. Bosse. Traité des manières de graver en taille-douce sur l'airain. *Paris*, *P. Auboüyn*, 1701, in-8, fig. v. ant.

255. Hans Holbein. L'Alphabet de la mort, publié d'après les manuscrits par Anatole de Montaiglon. *Paris*, *Edwin Tross*, 1856, in-8, fig. demi-rel. mar. br.

256. Alfabeto della morte de Hans Holbein. *Parigi*, *Tross*, 1856, in-8, fig. cartonné, *pap. de Chine.*

257. La Grande Danse Macabre des hommes et des femmes. *Paris*, *Baillière, s. d.*, in-4, demi-rel. mar.

258. Callot, Israël Silvestre, Della Bella. Recueil de figures. Environ 500 planches montées en 1 vol. gr. in-fol. demi-rel.

259. Ozanne l'aîné. Marine militaire, ou Recueil des différents vaisseaux qui servent à la guerre. *S. l. n. d.*, in-4, fig. v. m.

260. Des Maretz. Éloge historique de Callot, graveur lorrain. *Nancy*, 1828, in-8, portr. demi-rel. ch. n. rogn.

261. Basan. Dictionnaire des graveurs. *Paris*, *Enchet*, 1789, 2 vol. in-8, v. f.

262. J.-M. Papillon. Traité historique et pratique de la gravure en bois. *Paris*, *P.-G. Simon*, 1766, 2 vol. in-8, fig. v. m.

263. Ch. de Claussin. Catalogue raisonné de toutes les estampes qui forment l'œuvre de Rembrandt. *Paris*, *Firmin Didot*, 1824, in-8, demi-rel. v. r. — Supplément 1828, in-8, br.

264. Abbé de Vallemont. Éloge de Séb. Le Clerc. *Paris*, 1715, in-12, portrait, v. m.

265. Ch.-A. Jombert. Catalogue raisonné de l'œuvre de Séb. Le Clerc. *Paris*, 1774, 2 vol. in-8, v. m.

266. S. Le Clerc. Divers Habillements des anciens Grecs et Romains. Pet. in-4, 25 fig. gr. et remontées, cartonné.

267. Vignettes et fleurons composés et gravés par Cochin pour l'Abrégé chronol. de l'hist. de France du président Hénault. *Paris*, 1780, in-4 obl.

268. Ch.-A. Jombert. Essai d'un catalogue de l'œuvre d'Étienne de la Belle. *Paris*, 1772, in-8, demi-rel. bas.

269. A. de Montaiglon. Catalogue raisonné de l'œuvre de Claude Mellan d'Abbeville. *Paris*, 1856, in-8, demi-rel.

270. Ch.-A. Jombert. Catalogue de l'œuvre de Ch. Nicolas Cochin fils. *Paris*, *Prault*, 1770, pet. in-8, demi-rel. v. v.

271. Diverses Modes dessinées d'après nature, par Bern. Picart. Dessins de figures, par Sébast. Le Clerc, etc. Environ 150 planches en 1 vol. in-4, demi-rel.

272. Recueil des figures d'Abraham Bosse, pour la Pucelle de Chapelain. In-4, demi-rel.

273. Portraits allemands et hollandais, avec figures. Environ 200 pièces en 1 carton in-fol.

274. Galerie des naturalistes. Environ 100 portraits in-8 en 1 carton.

275. Vulson de la Colombière. Les Portraits des hommes illustres françois qui sont peints dans la galerie du cardinal de Richelieu. *Paris, M. Bobin*, 1667, in-12, fig. v. ant.

276. Les Actions glorieuses de S. A. Charles, duc de Lorraine. *S. l. n. d.*, in-4, v. *figures*.

277. Almanach iconologique, année 1768. Quatrième suite : Êtres métaphysiques. Les figures et leur

explication, par M. Gravelot. *Paris, Lattré*, in-18, fig. mar. r. fil. tr. dor.

278. Almanach iconologique, année 1778. Les Vertus et les Vices, par M. Cochin. *Paris*, *Lattré*, in-18, fig. m. r. fil. tr. dor.

279. Almanach iconologique, année 1769. Les Muses, par M. Gravelot. In-12, fig. mar. r. fil. tr. dor.

280. Vues de Provins, dessinées et lithographiées en 1822. *Paris*, *Gide*, 1822, gr. in-4, fig. demi-rel. m. br.

281 Gravures et fleurons tirés de différents ouvrages. Environ 600 pièces en 12 cartons in-4 et in-8.

282. Recueil de gravures tirées de divers ouvrages, grav. par Audran, Drevet, etc. 300 pièces en 1 vol. in-fol. parch. vert.

283. Chauveau. Son œuvre. Environ 400 pièces montées en 1 vol. pet. in-fol. v. br.

284. Recueil de fleurons, gravures, titres gravés, tirés de différents ouvrages, gravés par Michel Lasne, Picart, Gravelot, de Jode, Daret, Chauveau, etc. Environ 500 pièces montées, formant 1 vol. in-fol. parchemin.

285. Collection de gravures. Environ 100 pièces en un vol. gr. in-8, demi-rel. m. r.

286. Allemagne et Pays-Bas (Landscape français). *Paris*, *L. Janet*, *s. d.*, in-8, demi-rel. *figures*.

287. Costumes religieux. *S. l. n. d.*, in-4, 95 pl. (Le titre manque.)

288. Album de gravures diverses, 2 vol. in-fol. obl.

289. Champfleury. Histoire de la caricature moderne. *Paris*, *Dentu*, in-12, demi-rel. ch. or.

290. La Ménagerie parisienne, par Gustave Doré. *S. d.*, in-4 obl. (Caricatures.)

291. Croquis et caricatures, par Gavarni, Francis et autres, 50 pl. en 1 vol. in-4, demi-rel.

292. Granville et Kaulbach. Album des bêtes, à l'usage des gens d'esprit. *Paris*, 1864, in-folio, demi-rel. v. r.

293. Grandville. Cent Proverbes. *Paris*, *H. Fournier*, 1845, in-8, fig. demi-rel. chagr. tr. dor.

294. Gavarni, Cham, Daumier. Les Physiologies parisiennes illustrées. *Paris*, *Aubert*, *s. d.*, gr. in-8, fig. demi-rel. v. r.

295. Edouard de Beaumont. Enfantillages, ou le monde en miniature. *Paris*, *Goupil*, in-4 oblong, fig. col. cart.

296. Toppffer. Monsieur Vieux-Bois. In-8 obl. fig. demi-rel. v. r. — Me Crépin, in-8 obl. demi-rel. v. r. (*Caricatures.*)

297. Gavarni. OEuvres choisies. *Paris*, *Hetzel*, 1848, 2 vol. gr. in-8, fig. demi-rel.

d. *Architecture.*

298. Vitruvii de Architectura libri. *Amst.*, *Elzevir.*, 1649, in-fol. vélin, *fig.*

299. Vitruve. Abrégé des dix livres d'architecture. *Paris*, *J.-B. Coignard*, 1674, in-12, v. m.

300. Les Dix Livres d'architecture de Vitruve, corrigez et trad. en françois par Perrault. *Paris*, *Coignard*, 1684, in-fol. v. br. *figures*.

301. Dieterlin, Architecture. Choix de 21 planches, in-fol. demi-rel.

302. Abr. Bosse. Traité de la manière de dessiner les ordres de l'architecture. *Paris, s. d.*, in-fol. v. br. fig.

303. Traicté des cinq ordres d'architecture, trad. de Palladio, par Le Muet. *Paris*, *Langloïs*, 1645, p. in-8, v. m. (*Figures et texte gravés.*)

304. Vignolle. Les Cinq Ordres d'architecture. *Paris, Melchior Tavernier*, 1635, p. in-8, v. m.

305. — Règles des cinq ordres d'architecture. *Paris, P. Mariette*, 1665, in-12, fig., demi-rel. v. f.

306. Barozzio de Vignolle. Règles des Cinq ordres d'architecture. *Paris, J. Chereau*, 1747, p. in-4, fig., v. m.

307. Livre nouveau ou Règles des cinq ordres d'architecture, par de Vignoles, le tout enrichi de cartels, culs-de-lampes, paysages, etc., d'après Blondel, Cochin et Babel. *S. l.* 1767, in-fol., fig., demi-rel. mar. r.

308. Perrault. Ordonnance des cinq espèces de colonnes selon la méthode des anciens. *Paris, J.-B. Coignard*, 1683, in-fol., fig., demi-rel. v. f.

309. Félibien. Des Principes de l'architecture, de la sculpture et de la peinture. *Paris, veuve J.-B. Coignard*, 1690, in-4, fig. v. m.

310. Blondel. Cours d'architecture. *Paris, Desaint*, 1771, 6 vol. in-8, v. m. et 3 vol. in-8, de pl. v. r.

311. Séb. Le Clerc. Traité d'architecture, avec des remarques et des observations très-utiles. *Paris, P. Giffart*, 1714, gr. in-4, demi-rel. v. f., 181 planches.

312. De Cordemoy. Nouveau Traité de toute l'architecture ou l'art de bastir. *Paris, J.-B. Coignard*, 1714, gr. in-4, v. m. fig.

313. Davilles. Cours d'architecture, qui comprend les ordres de Vignole, l'art de bâtir, etc. *Paris, Mariette*, 1720, 2 vol. in-4, v. m. fig.

314. J. Gailhabaud. Cahiers d'instructions sur l'architecture, la sculpture, etc. *Paris, Baudry*, 1846, gr. in-8, fig., demi-rel. ch. v.

315. Louis Savot. L'Architecture françoise des bastiments particuliers. *Paris, Robinot*, 1642, pet. in-8, demi-rel. m.

316. Seguin l'aîné. Manuel d'architecture. *Paris, Didot fils*, 1786, in-8, v. m. fig.

317. Urbain Vitry. Le Propriétaire architecte. *Paris, Audot*, 1827, gr. in-4, demi-rel. v. r. (100 *planches*).

318. E. de la Quérière. Essai sur les girouettes et autres décorations des anciens combles, *Paris*. 1846, in-8, demi-rel. v. r.

319. Architecture monastique, par Alb. Lenoir. *Paris, Impr. nat.*, 1852, 2 vol. in-4, cart.

320. Florent-le-Comte. Cabinet des singularitez d'architecture. *Paris, E. Picart*, 1700, 3 vol. in-12, fig. v. ant.

321. J.-F. Blondel. De la Distribution des maisons de plaisance et de la décoration des édifices en général. *Paris, Jombert*, 1737, 2 vol. in-4, fig., demi-rel. v. r.

322. Labyrinthe de Versailles. — *Paris, Impr. roy.*, 1677, in-8, fig. de Séb. Le Clerc.

323. Labyrinthe de Versailles, *suivant la copie à Paris. Amsterdam, Schoonebeck*, 1693, in-4, obl., fig., v. m.

324. A. Deville. Comptes des dépenses de la construction du château de Gaillon. *Paris, Impr. nat.*, 1850, in-4, et atlas in-fol.

325. Salomon. Le Père Lachaise. *Paris*, 1855, in-8, demi-rel. ch. n.

326. A. Lebas. L'Obélisque de Luxor, sa translation à Paris. *Paris, Carilian-Gœury*, 1839, gr. in-4, fig., demi-rel. ch. r.

327. De la Quérière. Description historique des maisons de Rouen. *Paris, Firmin Didot*, 1821, 2 vol. in-8, fig., demi-rel. v. r. (21 *planches*).

328. Viollet-le-Duc. Dictionnaire raisonné du mobilier français. *Paris, Bance*, 1858, in-8, fig. demi-rel. dos de ch. br.

329. Schayes. Mémoire sur l'architecture ogivale en Belgique. *S. l. n. d.*, gr. in-4, demi-rel. v. br. (*Extrait.*)

330. Alcune Vedute di Roma, da Mercati. *S. l. n. d.*, pet. in-8 obl. vélin, fig.

331. Selvatico. Sulla Architettura e sulla scultura in Venezia. *Venezia*, 1847, in-8, demi-rel. (*Fig.*)

332. Il Fiore di Venezia, ossia i quadri, i monumenti, le vedute ed i costumi veneziani illustrati da Erm. Proletti. *Venezia*, 1837, 4 vol. in-8, demi-rel. n. rogn. (*Figures.*)

333. Il Duomo di Milano, ossia descrizione di questo insignio Tempio. *Milano, Artaria*, 1823, in-4, demi-rel. (65 *planches.*)

334. Description de la façade et de l'intérieur de la cathédrale de Milan. *Milan, J. Pirola*, 1859, in-8, fig. demi-rel. v. r.

335. Colonna Trajana, disegnata da Pietro Santi Bartoli. *S. a.*, in-fol. obl. mar. (*Fatigué.*)

e. *Sculpture.*

336. Signorum veterum Icones. *S. l. n. a.*, in-fol. v. br. fig.

337. A. Legrand. Galeries des antiques. *Paris, A.-A. Renouard*, 1803, in-8, v. r. tr. dor. fig.

338. A. Lenoir. Description historique et chronologique des monuments de sculpture réunis au musée des monuments français. *An VIII*, in-12, demi-rel. v. v.

f. *Livres d'emblèmes.*

339. Alciati Emblemata. *August. Vindel.*, M.D.XXI, pet. in-8. (*Figures sur bois.*)

Édition rare. Exemplaire bien conservé.

340. Alciati Emblemata. *Parisiis*, 1602, in-8, fig. vélin.

341. Omnia Andreæ Alciati Emblemata. *Paris*, 1602, pet. in-8, bas fig.

342. Catalogus gloriæ mundi, Barth. Chassanæi, humanæ sortis summam artificiose complectens. *Lugd.*, 1546, in-fol. v. (*Grandes figures sur bois*).

343. Petri Costalii pegma. *Lugd.*, *Bonhomme*, 1555, pet. in-8. *Fig. d'emblèmes et encadrements variés.*

344. Ach. Bocchii Symbolicarum quæstionum libri. *Bononiæ*, 1574, in-4, v. br. (*Fig. d'emblèmes*).

345. Emblemata Sambuci. *Antuerpiæ*, *Plantin*, 1576, in-12, fig. mar. r. (*Anc. rel.*)

Piqûre aux premiers feuillets.

346. Parvus Mundus (*Antuerpiæ, Gérard de Jode*, 1579), pet. in-4, v. f. *Titre gravé et figures d'emblèmes.*

Le dernier feuillet contenant le nom de l'imprimeur et la date manque.

347. Delle Allusioni, imprese e emblemi del sign. principio Fabrici da Teramo. *Roma*, 1588, in-4, titre gravé, v. br.

Ce volume est orné de figures à chaque page.

348. Mercerii icones. *Avarici Biturigum*, 1592, in-4, vélin. 55 *planches d'emblèmes.*

349. Imprese di Scipion Bargagli. *Venezia*, 1594, in-4, v. br. (*Figures d'emblèmes*).

350. Symbola divina et humana pontificum, imperatorum, regum, ex museo de Strada. *Pragæ*, 1601, 2 t. en 1 vol. in-fol. rel. (*Figures gravées par Sadeler.*)

351. Civitas veri, sive morum, Barth. Delbene. *Parisiis*, *Drouart*, 1609, in-fol. *fig. et titre gravé de Thomas de Leu.*

352. Iconologia, overo descrittione d'imagini delle

virtù, opera di Cesare Ripa. *In Padova*, 1611, in-4, v. br. *fig.*

353. Giselberti Plempii Rhythmi (cum emblematis). *Amst.*, 1618, in-4, fig. demi-rel.

354. Jacobi a Bruck. Emblemata politica. *Argentine*, 1618, in-4, vél. *figures.*

355. Electorum symbolorum et Parabolorum historicarum syntagmata, ex Horo Apollone et aliis, c. notis, auct. N. Caussino. *Parisiis, R. de Beauvais*, 1618, in-4, mar. r. fil. tr. dor. (*Anc. rel.*)

356. Emblemata Florentii Schoonhovii, moralia et civilia. *Goudæ*, 1618, in-4, *figures.*

357. Atalanta fugiens, hoc est emblemata nova de secretis naturæ chymica, auth. Majero. *Oppenheim, Th. de Bry*, 1618, in-4, v. ant. fig.

358. Cl. Paradin. Devises héroïques et emblèmes. *Paris, Rolet Boutonné*, 1621, pet. in-8, fig. v.

359. Devises héroïques et emblèmes de Claude Paradin. *Paris, Rolet Boutonné*, 1622, pet. in-8, vélin.

360. Lambsprinkc. De Lapide philosophico. *Francof.*, 1625, in-4, parch. *figures d'emblèmes.*

361. Pauli Maccii Emblemata. *Bononiæ*, 1628, in-4 demi-rel. *figures.*

362. Chartiludium logicæ, seu logica poetica vel memorativa R. P. Murner, opera Balesdens. *Parisiis, Du Bray*, 1629, petit in-8, v. fig.

363. De Symbolis heroicis libri IX, auct. Silvestro Petra Sancta. *Antuerpiæ*, 1634, in-4, vél. *nombr. figures d'emblèmes.*

Le titre est gravé par C. Galle d'après Rubens.

364. M. Zuerii Emblemata politica. *Amst.*, 1635, pet. in-12, v. br. fig.

365. Jan Hermanz Krul. Eerlycke tytkorting. *Har-*

lem (1632). in-4, demi-rel. (*Nombreuses figures d'emblèmes.*)

366. Mundi Lapis Lydius sive vanitas per veritatem falsi accusata et convicta, opera Antonii à Burgundia. *Antuerp.*, 1639, in-4, v. br. *figures d'emblèmes.*

367. J. Baudoin. Iconologie, ou Explication nouvelle de plusieurs images, emblèmes, etc..., tirée des recherches et des figures de César Ripa. *Paris, M. Guillemot,* 1644, in-fol. demi-rel. v. f. *figures.*

368. — Recueil d'emblèmes divers, avec des discours moraux, philosophiques et politiques. *Paris, J. Villery,* 1646, 2 vol. pet. in-8, fig. gr. v. fauve.

369. Audin. Fables héroïques, comprenant les véritables maximes de la politique chrestienne. *Paris, J. Guignard,* 1648, pet. in-8, fig. parch.

370. Zuerii Emblemata politica. *Amstel.,* 1651, in-12, vél. fig.

371. Typus mundi in quo ejus calamitates emblematicè proponuntur. *Antuerpiæ,* 1652, in-12, v. br. *figures.*

372. Martin. Le Paradis terrestre, ou Emblèmes sacrez de la solitude, dediez aux saints ordres des chartreux. *Paris, J. Hénault,* 1655. — Perrin. La Chartreuse, ou la Saincte Solitude. *Paris, J. Hénault,* 1655, 2 ouv. en un vol. in-12, fig. parch. v. (*Raccommodages.*)

373. Idea de un principe politico Christiano representada en cien empresas, por Don Diego de Saavedra. *En Amberès*, 1659, in-4, v. br. *figures.*

374. Idea Principis Christiani symbolis C. I. expressa a Saavedra Faxardo. *Amst.*, 1660, in-12, v. br. *fig.*

375. Symbolorum et emblematum ex re herbaria desumptorum centuria IV collecta. *Francofurti*, 1661, in-4, v. br. (400 *planches.*)

376. Chiron Achillis, sive navarchus humanæ vitæ, emblemata moralia. *Bononiæ*, 1661, in-12, vél. figures.

377. Symbola divina et humana. *Arnheim*, 1666, in-12, demi-rel. mar. fig.

378. Homo microcosmus, hoc est parvus mundus, per Martinum Meyerum. *Francof.*, 1670, in-4, rel. *figures d'emblèmes.*

379. Albert Flamen. Devises et Emblesmes d'amour moralisez. *Paris*, *Estienne Loyson*, 1672, in-12, fig. et embl. gr. v.

380. Emblesmes royales à Louis le Grand, par Martinet. *Paris*, *Cl. Barbin*, 1673, in-12, v. br.

381. Martinet. Emblèmes royales à Louis le Grand. *Paris*, *Cl. Barbin*, 1673, in-12, v. ant. fig.

382. Philotei Symbola Christiana, quibus idea hominis christiani exprimitur (a Paulo Hachenberg). *Francof.*, 1677, in-fol. mar. r. tr. dor. (*Jolies figures en médaillon.*)

383. J. Baudoin. Iconologie, ou les principales choses qui peuvent tomber dans la pensée touchant les vices et les vertus. *Paris*, 1677, in-4, fig. gravées par Jacques de Brie.

384. Otho Venius. Le Théâtre moral de la vie humaine, représentée en plus de cent tableaux divers tirez du poëte Horace. *Bruxelles*, *F. Foppens*, 1678, in-fol. demi-rel. v. f.

385. De Gomberville. La Doctrine des mœurs, qui representent en cent tableaux la difference des passions. *Paris*, *Sombron*, 1685, in-12, fig. v. ant.

386. Majeri scrutinium chymicum, per oculis acco-

modata et figuris incisa emblemata, illustratum. *Francof.*, 1687, in-4, v. br. *fig. d'emblèmes.*

Le titre est déchiré.

387. Le Miroir de l'art et de la nature, par le sieur de Franqueville. *Paris*, 1691, in-8, rel. *fig.*

388. Recueil d'emblèmes, devises, médailles, etc., accompagné de deux mille chiffres fleuronnez simples, doubles et triples, par Verrien, graveur. *Paris*, *Jombert*, 1696, in-8, v. br. *fig.*

389. Devises et emblèmes d'amours anciens et modernes, moralisez et expliquez, par Pallavicini. *Amsterdam*, 1696, in-4, vél. *figures en médaillon.*

390. Philothei Symbola Christiana. *Lugd.-Batav.*, 1698, in-12, vélin, fig.

391. Ars symbolica (authore Boschio). *S. a.*, in-fol. nombreuses figures.

392. J. Vincartii Sacrarum heroidum epistolæ. *Tornaci*, *s. a.*, in-12, vél. *fig. d'emblèmes.*

393. La Manière de se bien préparer à la mort, avec de très-belles estampes emblématiques. *Anvers*, 1700, in-4, demi-rel. *figures.*

394. Emblemata selectiora, typis elegantissimis expressa. *Amstel.*, 1704, in-4, demi-rel. n. rogn.

395. Symbolographia, sive de arte symbolica sermones VII, auctore Boschio. *Aug. Vind.*, 1702, in-fol. v. br.

Ce volume est orné d'un nombre considérable de gravures.

396. Rotgans Boere Kermis. *Amst.*, 1708. — Greenwoods Boere Pinxtervrengt. *Rotterdam*, 1733. — Miroir des vertus et des arts. *Harlem*, 1706. — 3 part. en 1 vol. in-4, figures.

Les deux premiers opuscules sont en vers et ornés de figures représentant des scènes hollandaises. Le troisième contient soixante-six figures d'emblèmes.

397. Symbola quædam moralia. *Constantiæ*, 1712, pet. in-8, demi-rel. v. f.

398. Speculum imaginum veritatis occultæ, exhibens symbola emblemata, auth. Masenio. *Coloniæ Agrippinæ*, 1714, 2 vol. pet. in-8, bas.

399. Mundus symbolicus in emblematum universitate formatus, a Ph. Picinello, auctus et in latinum traductus, a Augustino Erath. *Coloniæ Agrippinæ*, 1715, 2 tom. en un vol. in-fol. p. de tr. *fermoirs*.

400. Nicolas Verien. Recueil d'emblèmes, devises, médailles et figures hiéroglyphiques. *Paris, Cl. Jombert*, 1724, in-8, fig. v. r.

401. Bruzen La Martinière. Fables héroïques, renfermant les plus saines maximes de la politique et de la morale. *Amsterdam, Jean Neaulme*, 1754, 2 vol. in-12, fig. v. m.

402. Emblems for youth. *London, w. y.*, pet. in-8, demi-rel. *fig.*

403. Iconologia Cristiana y Gentilica, Sistema alegorico, por Castellanos de Losada. *Madrid*, 1850, in-12, cartonné.

404. Decourcelle. Traité des symboles. *Paris, Debray*, 1806, in-12, demi-rel. bas.

405. Emblèmes, devises, cartouches; environ 206 pièces noires et coloriées dans un carton.

g. *Arts divers.*

406. Collection de Manuels Roret. *Paris, s. d.*, 40 vol. in-18, demi-rel. et 4 atlas.

407. Rapport sur l'Exposition universelle de 1855. *Paris*, 1857, in-4, demi-rel. ch. v.

408. L'Exposition universelle de 1867, illustrée. *Paris, s. d.*, 2 vol. in-fol. fig. demi-rel. m. or.

409. Description abrégée des principaux arts et métiers, et des instruments qui leur sont propres. *Paris, Jaubert, s. d.*, in-4, mar. r. fig.

410. B. de Vigenere. Traicté des chiffres, ou secrètes manières d'écrire. *Paris, A. L'Angelier*, 1587, gr. in-4, cart.

411. Ch. Ramsay. Tachéographie, ou l'Art d'escrire aussi vite que la parole. *Paris*, 1681, in-12, v. ant.

412. Ch.-F. Vesin. La Cryptographie dévoilée. *Bruxelles, D. Parent*, 1840, gr. in-8, demi-rel.

413. Fournier. Manuel typographique. *Paris, Barbou*, 1766, 2 vol. pet. in-8, fig. v. r.

414. J. Gillé. Epreuves des caractères de sa fonderie. *Paris*, 1773, gr. in-4. demi-rel. v. f.

415. Danet. L'Art des armes. *Paris, Hérissant*, 1766, in-8, v. m. *figures*.

416. Panoplie, armes anciennes, 40 planches in-4, demi-rel.

417. Armeria antica e moderna di Carlo Alberto, descritta dal conte Seyssel d'Aix. *Torino*, 1840, in-8, cart. fig.

418. A. Bosse. La Pratique du trait à preuves de M. Desargues, pour la coupe des pierres. *Paris, P. Deshayes*, 1643, in-12, fig. v. m.

419. — La Manière universelle de M. Desargues pour poser l'essieu et placer les heures aux cadrans, au soleil. *Paris, P. Deshayes*, 1643, pet. in-4, fig. demi-rel. v. f.

420. — Manière universelle de M. Desargues pour pratiquer la perspective. *Paris, P. Deshayes*, 1648, pet. in-8, fig. v. ant.

421. Kunstliche Bericht Frederici Grisonis.... (l'Escrime de F. Grison). *Augspurgh*, 1570, in-fol. vélin, figures.

422. Il Cavallo di Razza riconosciuto dal segno de' Merchi. *In Venetia*, 1658, in-18, v. br.

423. Merchi delle razze de' cavalli. *Venezia*, 1724, in-18, cart.

424. Delcampes. Connoissance parfaite des chevaux. *Paris*, *P. Ribou*, 1712, in-8, fig. v. gr.

425. Du Paty de Clam. La Science et l'Art de l'équitation. *Yverdon*, 1777, in-8, demi-rel. v. f.

426. Pellier. Essai sur l'équitation. *Paris*, *Le Blanc*, 1858, in-8, demi-rel. bas.

427. J. Stewart. Conseils aux acheteurs de chevaux. *Paris*, 1861, in-8, fig. demi-rel. v. f.

428. — Économie de l'écurie. *Paris*, 1861, in-8, fig. demi-rel. v. f.

429. Le Parfait Cocher. *Liége*, *Desoer*, 1777, in-8, fig. demi-rel. dos et coins de v. f.

430. L'Art de toute sorte de chasse et de pêche. *Lyon*, *Bruyset*, 1730, 2 vol. in-12.

431. Traité de vénerie et de chasses. *Paris*, *Cl.-J.-B. Hérissant*, 1769, gr. in-4, fig. demi-rel. v. f.

432. Dictionnaire de toutes les espèces de chasses. *Paris*, *Agasse*, *an III*, 2 vol. in-4 dont un atlas, demi-rel. bas.

433. Tellier. Nouveau Manuel du veneur, contenant les tons et les fanfares de la chasse. *Paris*, *Heugel*, in-4 oblong, rel. toile.

434. Hardouin, seigneur de Fontaines-Guérin. Trésor de vénerie, composé en 1394. *Metz*, *Rousseau Pallez*, 1856, in-8, fig. demi-rel. ch. r.

435. Le Livre de la chasse du grand sénéchal de Normandie, et les ditz du bon Souillard, publ. par le baron J. Pichon. *Paris*, *Aubry*, 1858, in-12, rel. toile.

436. Charles IX. La Chasse royale; nouv. éd. précédée d'une Introd. par H. Chevreul. *Paris*, *Aubry*, 1858, pef. in-8, fig. demi-rel. ch. la Val.

437. Livre du roy Charles. De la chasse du cerf,

publié pour la première fois par Henry Chevreul. *Paris*, *A. Aubry*, 1859, in-8, fig. br.

438. Nouveau Traité de vénerie, contenant la chasse du cerf, celle du chevreuil, du sanglier, du loup et du renard, le tout orné de figures et de musique (par le sieur de la Briffardière). *Paris*, 1750, in-8, bas. fig.

439. Elzéar Blaze. Le Chasseur au chien courant. *Paris*, 1838, 2 vol. in-8, demi-rel. v. v.

440. — Le Chasseur au chien d'arrêt. *Paris*, *Barba*, 1839, in-8, demi-rel. v.

441. E. Le Masson. Nouvelle Vénerie normande, ou essai sur la chasse du lièvre. *Avranches*, *Tostain*, 1847, in-8, demi-rel. v.

442. L'École de la chasse aux chiens courans par Le Verrier de La Conterie. *Rouen*, 1763, 2 t. en 1 vol. in-8, v. m. fig.

443. A. D'Houdetot. La Petite Vénerie, ou la chasse au chien courant. *Paris*, *Charpentier*, 1855, in-12, fig. demi-rel.

444. L. de Curel. Manuel du chasseur au chien d'arrêt. *Paris*, *Dentu*, 1858, in-8, fig. demi-rel. ch. v.

445. René et Liersel. Traité de la chasse, contenant les chasses à l'affût, à tir et à courre. *Paris*, *T. Lefèvre*, in-12, fig. demi-rel. v. r.

446. Joseph La Vallée. La Chasse à tir en France. *Paris*, *Hachette*, 1855, in-12, fig. demi-ch. r. tr. dor.

447. A. D'Houdetot. Le Tir au fusil de chasse. — Le Chasseur rustique. *Paris*, *Charpentier*, 1857, 2 vol. in-12, rel. toile.

448. Haudicquer de Blancourt. De l'Art de la verrerie. *Paris*, *J. Jombert*, 1697, in-12, fig. v. ant.

449. — L'Art de la verrerie. *Paris*, *Cl. Jombert*, 1718, 2 vol. in-12, v. ant.

450. Art du Serrurier, par Duhamel de Monceau, 1767, in-fol. demi-rel.

451. Tourneur et tour à figure. *S. l. n. d.*, in-fol. demi-rel. *figures*.

452. P. Plumier. L'Art de tourner en perfection. *Paris, Jombert*, 1749, in-folio, fig. v. m.

453. Bergeron. Manuel du Tourneur, avec atlas. *Paris*, 1816, 3 vol. in-4, fig. demi-rel.

454. Art de la paume, par de Garsault. 1767, in-fol. demi-rel. v. *figures*.

455. Édouard Fournier. Le Jeu de paume, son histoire et sa description. *Paris, Didier*, 1862, in-8, rel. toile, photogr.

456. Le Palais des jeux de l'amour et de la fortune. *Paris, J.-B. Loyson*, 1666, in-12, demi-rel. v. f.

457. Philidor. L'Analyse des échecs, contenant une nouvelle méthode pour apprendre en peu de temps à se perfectionner dans ce noble jeu. *Londres*, 1749, in-8, m. r. fil. tr. dor. (*Armoiries*.)

458. — L'Analyse des Echecs, contenant une nouvelle méthode. *Londres*, 1749, in-8, demi-rel. v. f.

459. — Nouvelle Notation des parties et coups d'échecs. *Paris, D'Everat*, 1823, in-8, demi-rel. v.

450 *bis*. Faujas de St-Fond. Description des expériences de la machine aérostatique de MM. de Montgolfier. *Paris, Cuchet*, 1783, in-8, fil. mar. r. tr. dor.

451 *bis*. Brillat-Savarin. Physiologie du Gout. *Paris, Charpentier*, 1841, in-12, demi-rel. v. bl.

452 *bis*. A. Jacquemart et E. Le Blant. Histoire de la porcelaine. *Paris, J. Techener*, 1862, in-folio, demi-rel. ch. r.

453 *bis*. P. Thiaucourt. Essai sur l'art de restaurer les faïences, porcelaines, etc. *Paris, A. Aubry*, 1865, in-12, demi-rel. v. r.

454 *bis*. A. Demmin. Guide de l'amateur de faïences et porcelaines. *Paris*, *Renouard*, 1867, 2 vol. in-12, demi-rel. ch. v.

455 *bis*. N.-J.-C. Davillier. Histoire des faïences hispano-moresques à reflets métalliques. *Paris, Didron*, 1861, in-8, demi-rel. v. bl.

456 *bis*. A. Brongniart et Riocreux. Description méthodique du musée céramique de la manufacture de Sèvres. *Paris*, *Leleux*, 1845, in-folio, fig. col. demi-rel. ch. r.

457 *bis*. A. Bonnardot. De la Réparation des vieilles reliures. *Paris*, *Castel*, 1858, in-12, br.

458 *bis*. — Essai sur l'art de restaurer les estampes et les livres. *Paris, Castel*, 1858, in-12, br.

459 *bis*. — Essai sur l'art de restaurer les estampes et les livres. *Paris, Castel*, 1858, in-12, demi-rel. mar. la Val.

459 *ter*. Monckoven. Traité général de photographie. *Paris, V. Masson*, 1865, gr. in-8, demi-rel. v. r.

BELLES-LETTRES.

1. LINGUISTIQUE.

460. C. Alexandre. Dictionnaire grec-français. *Paris, Hachette*, 1848, in-8, demi-rel. ch. n.

461. Dictionnaire universel françois-latin (dit de Trévoux). *Paris*, *veuve Delaune*, 1743, 6 vol. in-fol. v. m.

462. Quicherat. Dictionnaire latin-français. *Paris, Hachette*, 1846, in-8, toile.

463. A. Pihan. P. Glossaire des mots français tirés de l'arabe, du persan et du turc; précédé d'une méthode facile pour apprendre... à tracer... les caractères arabes, persans et turcs. *Paris*, *Duprat*, 1847, in-8, br.

464. J. Palsgrave. L'Éclaircissement de la langue française; publié par F. Génin. *Paris*, *Impr. nat.*, 1852, gr. in-4, demi-rel. ch. bl.

465. J.-Ch. Laveaux. Dictionnaire raisonné des difficultés grammaticales et littéraires de la langue française. *Paris*, *Lefèvre*, 1818, in-8, demi-rel. v. v.

466. Napoléon Landais. Dictionnaire général et grammatical des dictionnaires français, avec supplément. *Paris*, *Didier*, 1860, 3 vol. in-4, demi-rel. v. bl.

467. Lorédan Larchey. Les Excentricités du langage français. *Paris*, 1861, in-12, demi-rel.

468. A. Houzé. Étude sur la signification des noms de lieux en France. *Paris, Hénaux*, 1864, in-8, demi-rel. v. r.

469. Nouveau Dictionnaire français-suédois et suédois-français. *Stockholm*, 1745, in-4, demi-rel. bas.

470. Schuster et Régnier. Dictionnaire allemand-français et français-allemand. *Paris, Ch. Hingray*, 1844, 2 vol. in-8, bas.

2. POÉSIE.

471. Homerici Centones, etc., gr. et lat. *Excudebat H. Stephanus*, 1578, in-12, mar. citr. tr. dor.

472. Ésope. Fables. *Paris, veuve Brunet*, 1763, 2 vol. in-12, v. r.

473. Anacréon, Sapho, Bion et Moschus; trad. nouvelle par Moutonnet de Clerfons. *Paphos*, et se

trouve *à Paris, Le Boucher*, 1773, in-8, v. m. fil. tr. dor. fig. et culs-de-lampe d'Eisen.

474. Les Quatrains françois du sieur de Pibrac. *Paris*, 1666, in-4, v. br.

475. Le Roman en vers de Gérart de Rossillon, publié par Migard. *Paris, Techener*, 1858, gr. in-8, demi-rel. ch. v.

476. Le Pas d'armes de la Bergère, maintenu au tournoi de Tarascon, publié d'après le manuscrit de la Bibliothèque du roi. *Paris, Crapelet*, 1835, gr. in-8, fig. col. demi-rel. ch. v.

477. Recueil de pièces publiées par Achille Jubinal. — Lettre au rédacteur de l'*Artiste*. — Notice sur les armes défensives. — La Complainte d'outremer. — Un Sermon en vers. — Le Miracle de Théophile, etc. 8 pièces en 1 vol. in-8, demi-rel.

478. Blasons, poésies anciennes, publ. par Méon. *Paris, Guillemot*, 1807, in-8, mar. v. fil. tr. dor.

479. Guillaume Paradin. Le Blason des danses. *Beaujeu*, 1556 (réimpression publiée par *Techener, Paris*, 1830), in-16, demi-rel. dos et coins de mar. bl.

480. Fabliaux ou contes des XIIe et XIIIe siècles, fables et romans du XIIIe, trad. avec notes par Le Grand d'Aussy. *Paris, Onfroy*, 1781, 5 vol. in-18, bas.

481. Cent cinq Rondeaux d'amour, publiés d'après un manuscrit du commencement du XVIe siècle. *Paris, Tross*, 1863, pet. in-8, demi-rel. mar. r.

482. Collection d'anciennes poésies françaises, publiées par Ach. Genty. *Paris, Poulet-Malassis*, 1862, 6 vol. in-16 carrés, demi-rel. mar. r.

L'Art poétique de La Fresnaye Vauquelin. — Rimes inédites du patois percheron. — La Fontaine des amoureux de science. — Chansons sur la régence, etc.

483. Le Rommant de la Rose, nouvellement reveu et corrigé. *On les vent à Paris, au Palais, en la*

boutique de Jehan Longis, 1537, pet. in-8, v. fig. sur bois. (Court de marges en tête.)

484. Sensuyuent plusieurs belles chansons. *Imprimées nouuellement à Paris, s. d.*, pet. in-8 goth. vélin.

Réimpression faite par M. Silvestre.

485. Charles d'Orléans. Poésies. *Paris, J.-B. Warée*, 1809, pet. in-8, cart.

486. OEuvres complètes de François Villon, avec des notes par P. Lacroix. *Paris, P. Jannet*, 1854, in-12, cart.

487. Anciens Poëtes de la France, Macaire. *Paris, Franck*, 1866, in-12, rel. toile.

488. Les OEuvres de Clément Marot, de Cahors, *La Haye, Moetjens*, 1702, 2 t. en 1 vol. pet. in-12, bas.

489. Maistre Alain Chartier. OEuvres revues et corrigées par André du Chesne. *Paris, Samuel Thiboust*, 1617, gr. in-4, v.

490. La Pucelle, ou la France délivrée, poëme héroïque, par Chapelain. *Paris, Aug. Courbé*, 1656, in-fol. v. fig. d'A. Bosse.

491. Clovis, ou la France chrestienne, poëme héroïque, par J. Desmarets. *Paris, Aug. Courbé*, 1657, in-4, gr. pap. *figures.*

492. Cl. Bimet. Quatrains anatomiques des os et des muscles du corps humain. *Lyon, M.-A. Gaudet*, 1664, pet. in-8, v. ant.

493. Tristan l'Hermite. Poésies galantes et héroïques. *Paris, J.-B. Loyson*, 1662, in-8, fig. v. ant.

494. Furetière. Poésies diverses. *Paris, Guillaume de Luynes*, 1655, in-4, fig. v. ant.

495. Nicolas Boileau-Despréaux. OEuvres. *Amsterdam, Schelte*, 1713, 2 vol. in-12, fig. v. ant.

496. OEuvres de N. Boileau-Despréaux. *La Haye*,

J. Vaillant, 1722, 4 vol. in-12, fig. de Bernard Picard, v. r.

497. Boileau. OEuvres complètes, publ. avec notes par M. Berriat-Saint-Prix. *Paris, Philippe*, 1837, 4 vol. in-8, demi-rel. ch. viol.

498. Boileau-Despréaux. Œuvres, avec éclaircissements historiques par M. de Saint-Marc. *Amsterdam, Changuion*, 1772, 5 vol. in-8, demi-rel. bas.

499. OEuvres de Boileau-Despréaux, avec des notes par M. de Saint-Marc. *Amsterdam, Changuion*, 1775, 5 vol. pet. in-8, v. m.

500. Fables choisies, mises en vers par de la Fontaine. *La Haye, Henry Van Bulderen*, 1700, 5 t. en 3 vol. in-12, v. ant. front. grav.

501. La Fontaine. Fables choisies mises en vers. *Paris*, 1746, 2 vol. in-12, fig. v. m.

502. Fables choisies, mises en vers par La Fontaine, figures gravées par Fessard et texte gravé par Montulay. *Paris*, 1765, 6 vol. in-8, v. m. tr. dor.

503. Fables de La Fontaine illustrées, par J.-J. Grandville. *Paris, Fournier*, 1838, 2 vol. in-8, v. fil. tr. dor.

504. La Fontaine. Fables, illustrations par Grandville. *Paris, Furne*, 1847, in-8, fig. demi-rel. ch. vert.

505. Fables de La Fontaine, recueil de croquis, composé et dessiné par Seurre. *Paris, Bance*, 1849, in-fol. obl. demi-rel. mar. br. *figures*.

506. La Fontaine. Contes et Nouvelles en vers. *Amsterdam, Et. Lucas*, 1732, 2 vol. in-12, fig. de Romain de Hoge, v. ant.

507. — Contes et Nouvelles en vers. *Amsterdam*, 1743, 2 vol. in-12, fig. v. m. tr. dor.

508. — Contes et Nouvelles en vers. *Amsterdam*, 1776, 2 vol. in-12, fig. v. m.

509. La Fontaine. Contes et Nouvelles, en vers. *Paris*, 1796, 2 vol. in-8, fig. demi-rel. v. r.

510. De la Motte. Fables nouvelles. *Paris, Grégoire Dupuis,* 1719, gr. in-4, fig. v. ant.

511. Rousseau. OEuvres diverses. *Amsterdam, F. Changuoin,* 1729, 3 vol. in-12, v. ant.

512. Grécourt. OEuvres complètes. *Luxembourg*, 1764, 4 vol. in-12, v.

513. E. Parny. OEuvres. *Paris, Debray*, 1808, 5 vol. in-12, cart.

514. OEuvres complètes de M. (le cardinal de Bernis). *Londres, Cazin*, 1777, 2 vol. in-18, v. f. fil. tr. dor.

515. Vadé. La Pipe cassée, poëme épi-tragi-poissardi-héroï-comique. *Paris, Duchesne, s. d.*, in-8, v. marron.

Dans le même volume : Lettres de la Grenouillière. — Le Déjeuner de la Râpée. — Le Goûter des Porcherons, etc.

516. Watelet. L'Art de peindre. *Amsterdam,* 1761, in-12, fig. v. m.

517. — L'Art de peindre. *Paris, Guérin,* 1760, gr. in-4, fig. v. m.

518. Zacharie. Les Quatre Parties du jour, poëme traduit de l'allemand. *Paris, Musier,* 1769, in-8, fig. d'Eisen, v. éc. fil. tr. dor.

519. Les Baisers, poëme, par Dorat, précédés du Mois de mai. *La Haye, et se trouve à Paris,* 1770, in-8, pap. de Holl. fig. d'Eisen, v. m. fil. tr. dor.

Bonnes épreuves.

520. Dorat. Contes et Poëmes, œuvres mêlées. *La Haye, Delalain*, 1776, 4 vol. in-8, v. m. tr. dor. *figures et culs-de-lampe d'Eisen.*

521. Fables nouvelles (par Dorat). *La Haye, et se trouve à Paris*, 1773, in-8, demi-rel. v.

522. Les Sens, poëme en six chants. *Londres*, 1766, in-8, pap. de Holl. figures d'Eisen, v. marb.

523. Le Jugement de Pâris, par Imbert, poëme en IV chants. *Amsterdam*, 1772. — La Déclamation théâtrale, poëme. — 2 tom. en 1 vol. in-8, rel. *fig. de Moreau et d'Eisen.*

524. Imbert. Historiettes, ou Nouvelles en vers. *Amsterdam*, 1774, in-8, fig. de Moreau, v. éc. fil. tr. dor.

525. Berquin. Idylles. *S. l. n. d.*, pet. in-12, pap. fort, fig. de Marillier, v. f. fil. tr. dor.

526. — Idylles. Pet. in-8, v. m. *figures de Marillier.*

527. Saint-Lambert. Les Saisons, poëme. *Amsterdam*, 1771, in-8, fig. v. r.

528. De La Borde. Choix de chansons. *Paris, De Lormel*, 1773, 4 vol. gr. in-8, v. marbr. tr. dor. *figures de Moreau et autres.*

Exemplaire relié par Bradel.

529. — Choix de Chansons, mises en musique. *Paris, De Lormel*, 1773, gr. in-8, fig. demi-rel. v. v.

Tome Ier contenant les figures d'après Moreau. Bonnes épreuves.

530. La Henriade, par Voltaire. *Paris, Ve Duchesne*, 1770, 2 vol. in-8, fig. v. f. tr. dor.

531. La Pucelle, poëme en vingt-et-un chants avec notes. *Londres, Cazin*, 1780, 2 vol. in-8, vélin, fig. à mi-pages.

532. La Pucelle d'Orléans, poëme en vingt-et-un chants avec des notes. *Londres* (*Cazin*), 1780, 2 tom. en 1 vol. in-18, tiré in-8, fig. à mi-pages, mar. r. fil. tr. dor. (*Bradel.*)

533. J.-F. Guichard. Contes et Fables. *Paris, L. Colin*, 1808, in-12, cart.

534. Arnault. Fables. *Paris, Chamerot*, 1812, in-12, fig. v. f.

535. Le Bailly. Fables. *Paris, Chamerot*, 1811,

in-12, pap. vélin, fig. m. v. dos et pl. ornés, tr. dor.

536. Œuvres de Le Brun. *Paris, Crapelet,* 1811, 4 vol. in-8, v. r.

537. E. Desmares. Les Métamorphoses du jour, ou La Fontaine en 1831. *Paris, Delaunay,* 1831, in-8, fig. de H. Monnier, demi-rel. v. bl.

538. Mme Louise Colet. Poésies. *Paris, Lacrampe,* 1842, in-fol. demi-rel. v. r.

Tiré à vingt-cinq exemplaires.

539. Béranger. Œuvres complètes. *Paris, Perrotin,* 1847, 5 vol. in-8, fig. et musique, demi-rel. ch. r.

540. Alfred de Musset. OEuvres. *Paris, Charpentier,* 1854, 7 vol. in-12, demi-rel. ch. r.

541. Méry. Les Vierges de Lesbos, poëme antique, dessins par L. Hamon. *Paris, Georges Bell,* 1858, gr. in-4, demi-rel. v. bl. *photographies.*

342. Henri Pajot. Les Poëtes de Lille, notes bibliographiques. *Lille, Horemaus,* 1864, in-8, br.

543. Le Tasse. Jérusalem délivrée. *Paris, Musier,* 1774, 2 vol. gr. in-8, fig. de Gravelot, v. m. fil. tr. dor.

544. Milton. Le Paradis perdu, trad. de Chateaubriand. *Paris,* 1855, gr. in-fol. demi-rel. mar. 25 *planches.*

545. Lord Byron. OEuvres complètes, trad. par L. Barré. *Paris, Bry,* 1854, gr. in-8, fig. demi-rel. ch. n.

3. THÉATRE.

546. Recueil de farces, soties et moralités du xve siècle, réunies pour la première fois par P. L. Jacob. *Paris, Delahayes,* 1859, in-12, demi-rel. mar.

547. Monmerqué et F. Michel. Théâtre français au moyen âge. *Paris, Desrey,* 1840, gr. in-8, demi-rel. v. v.

548. Jean Racine. OEuvres complètes, avec le commentaire de M. Laharpe. *Paris*, *Agasse*, 1805, 5 vol. in-8, cart.

549. Molière. OEuvres complètes, avec un commentaire, publ. par Auger. *Paris*, *Ve Desoer*, 1825, 9 vol. in-8, demi-rel. fig.

550. Regnard. Œuvres complètes. *Paris, Ve Duchesne*, 1790, 6 vol. in-8, fig. de Marillier, v. m. fil.

551. OEuvres de Crébillon. *Londres* (*Cazin*), 1785, 3 vol. in-18, portr. v. m. fil. tr. dor.

552. Féeries nouvelles. *La Haye*, 1741, 2 vol. in-12, mar. r. fil. tr. dor. (*Armoiries.*)

553. Sidney, comédie par Gresset. *La Haye*, 1745, in-8, cart.

Exemplaire de Mlle Contat.

554. J.-J. Rousseau. Pygmalion, scène lyrique, mise en vers par M. Berquin, texte gravé par Drouet. *Paris*, 1775, in-8, fig. d'après Moreau jeune, demi-rel. v. r.

555. Beaumarchais. OEuvres complètes. *Paris*, *Furne*, 1826, 6 vol. in-8, fig. demi-rel. v. f.

556. OEuvres de J.-F. Ducis. *Paris*, *Nepveu*, 1813-1826, 4 vol. in-8, v. ec.

557. E. Scribe. OEuvres complètes. *Paris, Furne*, 1841, 5 vol. gr. in-8, fig. demi-rel. v. r.

558. Théâtre contemporain. Recueil de pièces d'Alexandre Dumas, Th. Barrière, Scribe, Legouvé, etc. *Paris, M. Lévy*, 10 vol. in-4, fig. demi-rel. v. bl.

559. Recueil de pièces de théâtre de Scribe, d'Alexandre Dumas, etc. *Paris*, *Michel Lévy*, gr. in-8, fig. demi-rel. v. v.

560. Challamel. Album de l'Opéra. *Paris, Challamel, s. d.*, gr. in-8, fig. cart.

561. Ch. Maurice. Histoire anecdotique du théâtre. *Paris, H. Plon*, 1856, 2 vol. in-8, demi-rel. ch. v. tr. jasp. (*Nombreux fac-simile.*)

562. J. Janin. Rachel et la Tragédie. *Paris, A. Delahays*, 1861, gr. in-8, demi-rel. ch. r.

563. Histoire du théâtre italien. *Paris, Lacombe*, 1769, 7 vol. in-12, v. m.

4. FACÉTIES ET ROMANS.

564. Les Évangiles des connoilles, faictes en lonneur et exaulcement des dames. *Lyon, Jehan Maréchal*, 1493, pet. in-8, parch.

Réimpression.

565. Les Faictz merveilleux de Virgile. *Paris, Guill. Nyverd, s. d.*, pet. in-4, demi-rel. n. rogn.

Réimpression faite par Techener. Exemplaire sur papier de Chine.

566. Histoire des nobles prouesses de Gallien restauré. *Troyes, Oudot*, 1709, in-4. v. f.

567. Les Contes du gay sçavoir. — Balades, fabliaux et traditions du moyen âge, publiés par Ferd. Langlé. *Paris, Didot, s. d.*, in-8, caractères goth. demi-rel. v. ant.

568. L'Historial du Jongleur, chroniques et légendes françaises, ornées d'initiales, fleurons et vignettes imitées des manuscrits. *Paris, Didot*, 1829, in-8, demi-rel. mar. r. fig. peintes, caract. gothiques.

569. Histoire de Mélusine, princesse de Lusignan, et de ses fils. *Paris, Cl. Barbin*, 1698, in-12, fig. demi-rel. v. f.

570. Nodot. Histoire de Geoffroy, surnommé à la grand' dent, fils de Mélusine. *Paris, veuve Claude Barbin*, 1700, in-12, v. ant.

571. Richard de Fournival. Le Bestiaire d'amour. *Paris*, *A. Aubry*, 1860, in-8, rel. t.

572. Le Bestiaire d'amour, par Richard de Fournival. *Paris*, *A. Aubry*, 1860, in-8, rel. toile rouge, fig. sur bois.

573. Rabelais. OEuvres; nouvelle édition, augmentée de quelques remarques. *Paris*, *s. l.*, 1732, 6 vol. pet. in-8, v. m.

574. OEuvres de Rabelais. — OEuvres de Dante, illustr. par G. Doré, et publ. par P. L. Jacob. *Paris*, *Bry aîné*, 1854, 2 tomes en 1 vol. gr. in-8, demi-rel. v. v.

575. De Sallengre. Histoire de Pierre de Montmaur. *La Haye*, *P. Gosse*, 1715, 2 vol. in-12, fig. bas.

576. Le Sage. Histoire de Gil Blas de Santillane, vignettes de Jean Gigoux. *Paris*, *Paulin*, 1835, gr. in-8, fig. cart. non rogn.

577. — OEuvres choisies. *Amst.*, 1783, 15 vol. in-8, bas. *figures de Marillier*.

578. L'abbé Prévost. Histoire de Manon Lescaut et du chevalier des Grieux. *Paris*, *E. Bourdin*, in-8, fig. demi-rel. chagr. pl. tr. dor.

579. Œuvres complètes de mesdames de La Fayette, de Tencin et de Fontaines, précédées de notices historiques par MM. Étienne et A. Jay. *Paris*, *Moutardier*, 1825, 4 vol. in-8, demi-rel. v. r.

580. A. Hamilton. OEuvres mêlées, et le Bélier, conte. *S. l.*, 1749, 2 vol. in-12, v. m. (*Armoiries.*)

581. Caylus. Etrennes de la Saint-Jean. *Troyes*, *veuve Oudot*, 1751, in-12, cart.

582. Origine des Grâces, par mademoiselle Dionis. *Paris*, 1777, in-8, fig. v. m.

583. Duclos. Acajou et Zirphile. *Minutie*, 1761, in-12, fig. v. f. fil. tr. dor.

584. Le Temple de Gnide, poëme, imité de Montesquieu, par Léonard. *Paris,* 1773, gr. in-8, fig. de Desrais, v. tr. dor.

585. Montesquieu. Le Temple de Gnide. *Londres, s. d.*, pet. in-8, fig. v. m.

586. — Le Temple de Gnide. *Paris, Didot jeune, an III*, gr. in-8, pap. vélin, fig. d'Eisen, v. r. tr. dor.

587. — Le Temple de Gnide. *Londres*, in-8, fig. v. f. fil. tr. dor.

588. Le Quart d'Heure des jolies Françaises. *Desnos, s. d.*, in-18, mar. r. tr. dor. — Galatée. *Desnos*, in-18, mar. r., etc. — Ensemble 6 vol. rel. en mar. figures de Queverdo et autres.

589. Collection de romans, par George Sand, Al. Dumas, Mme Girardin, L. Reybaud, Achard, G. de Nerval, Méry, H. Conscience, etc. *Paris, Michel Lévy,* 60 vol. in-12, demi-rel.

590. Eugène Sue. Romans divers : Atar-Gull, Mystères de Paris, le Juif Errant. *S. l. n. d.*, gr. in-8, fig. demi-rel.

591. Al. Dumas. Romans historiques, 4 vol., *s. l. n. d.* — Romans et Nouvelles, 3 vol. — Comte de Monte-Christo, 1 vol. — Ensemble 8 vol. in-4, demi-rel. v. f. (*Édition illustrée.*)

592. Frédéric Soulié. Confession générale, 2 vol. — Mémoires du Diable, 2 vol. *Paris,* 1857, 4 vol. in-8, demi-rel.

593. — Si Jeunesse savait, si Vieillesse pouvait. *Paris, Ch. Gosselin,* 1844, gr. in-8, fig. demi-rel. ch. r.

594. J. Janin. Les Petits Bonheurs. *Paris, Morizot,* in-8, fig. de Gavarni, demi-rel. v. f.

595. — L'Ane mort. *Paris, E. Bourdin,* 1842, gr. in-8, fig. demi-rel. v. f.

596. J. Janin. Un Hiver à Paris. *Paris, Curmer,* 1843, gr. in-8, fig. ch. n. tr. dor.

597. P. Féval. Romans et Nouvelles. 2 vol. gr. in-8, illustrés, demi-rel.

598. Balzac. Les Contes drolatiques. *Paris,* 1855, pet. in-8, fig. demi-rel. ch. bl. *fig. de G. Doré.*

599. — OEuvres illustrées, par Beaucé, etc. *Paris, Marescq,* 1855, 10 t. en 5 v. gr. in-8, demi-rel. v. bl.

600. Scènes de la vie privée et publique des animaux, études de mœurs contemporaines, par MM. de Balzac, George Sand, Ch. Nodier, etc., vignettes de Grandville. *Paris, Marescq,* 1852, gr. in-8, fig. demi-rel. bas.

601. Les Français peints par eux-mêmes. *Paris, Furne,* 1835, in-8, demi-rel. ch. v.

602. Romans divers, par Alphonse Karr, Méry, etc. *S. l. n. d.,* 3 vol. gr. in-8, demi-rel. v. v.

603. Henri Murger. Romans. *Paris, Michel Lévy,* 7 vol. in-12, demi-rel.

604. OEuvres diverses illustrées (romans), par Paul Lacroix (bibliophile Jacob). *S. l. n. d.,* 2 vol. gr. in-8, demi-rel.

605. Arsène Houssaye. Voyage à ma fenêtre. *Paris, H. Plon,* 1860, in-8, demi-rel. fig.

606. Amphitheatrum sapientiæ socraticæ joco-seriæ, a Gasp. Dornavio. *Hanoviæ,* 1619, 2 tom. en un vol. in-fol. bas.

607. Amphitheatrum sapientiæ æternæ christiano-cabalisticum. *Hanoviæ,* 1609, in-fol. v. br.

608. Eloge de l'Enfer. *Londres,* 1777, in-12, f. v. r.

609. Tiphaigne. Amilec, ou la Graine d'hommes. *Paris,* 1753, pet. in-8, demi-rel. v. f.

610. Ch. Matanasius. Le Chef-d'œuvre d'un inconnu, par Themiseul de St-Hyacinthe. *Lausanne, M.-M. Bousquet,* 1858, 2 vol. in-12, v. r.

611. Moncrif. Les Chats. *Paris, G.-F. Quillau*, 1727, in-8, fig. v. ant.

612. Alphonse Karr. Les Guêpes. *Paris*, *Michel Lévy*, 1858, 7 vol. in-12, demi-rel.

613. Pensées ingénieuses des anciens et des modernes (par le P. Bouhours). *Paris*, *Ve Sébastien Mabre-Cramoisy*, 1689, in-12, v. ant.

614. Ein liepliche Hystory von dē hoch gelerten meister Lucidario. *Strasbourg*, 1514, in-4, gothique, demi-rel. mar. br. fig. sur bois.

615. Le Tableau des riches inventions qui sont représentées dans le songe de Polyphile. *Paris*, *Matthieu Guillemot*, 1600, in-4, demi-rel. fig.

616. Giambatista Casti. Novelle, in tre volumi. *Parigi*, 1804, 3 vol. gr. in-8, pap. vél. cartonnage bleu.

617. Gœthe. Le Faust, traduit par M. Henri Blaze. *Paris*, *Charpentier*, 1857, in-12, demi-rel. v. v.

618. Les Aventures de Til Ulespiègle. *Paris*, *E. Picard*, 1866, in-12, rel. toile.

619. Boccace. Contes, trad. de l'italien en français. *Londres*, 1779, 10 vol. in-12, fig. de Gravelot, v. m.

620. L'Admirable Histoire du chevalier du Soleil, où sont racontées les immortelles prouesses de cet invincible guerrier, trad. Fr. de Rosset. *Paris*, *J. Fouët*, 1617, pet. in-8, v. ant.

621. Miguel de Cervantes. Aventures de don Quichotte. *Paris*, *Bleuet*, 1774, 2 vol. in-8, fig. v. grenat.

622. Michel de Cervantes Saavedra. L'Ingénieux Hidalgo Don Quichotte de la Manche, traduit et annoté par Louis Viardot. *Paris*, *Dubochet*, 1836, 2 vol. gr. in-8, fig. demi-rel. ch. r.

623. Wyss. Le Robinson suisse, trad. en français.

Paris, *Lavigne*, 1841, in-8, fig. demi-rel. dos et coins de v. v. fil.

5. ÉPISTOLAIRES.

624. Bescherelle. L'Art de la correspondance. *Paris*, *Dentu*, 1865, 2 vol. in-12, demi-rel. bas. v.

625. Mme de Sévigné. Lettres, publ. par Ch. Nodier. *Paris*, *Lavigne*, 1836, 3 vol. gr. in-8, fig. demi-rel. v. r.

626. Lettres de Ninon de Lenclos au marquis de Sévigné. *Amst.*, 1752, 2 vol. in-18, v. m.

627. Grimm et Diderot. Correspondance inédite. *Paris*, *H. Fournier*, 1829, 16 vol. in-8, demi-rel. v. bl.

628. V. Jacquemont. Correspondance avec sa famille pendant son voyage dans l'Inde. *Paris*, *Garnier*, 1846, 2 vol. in-12, demi-rel. ch. v.

629. — Correspondance avec sa famille et plusieurs de ses amis. *Paris*, *Fournier*, 1833, 2 vol. in-8, demi-rel. v. f.

630. Saint-Evremond. Conversation du maréchal d'Hoquincourt avec le père Canage, publ. par Louis Lacour. *Paris*, 1865, in-16, br.

Tiré à petit nombre.

6. POLYGRAPHES ET COLLECTIONS.

631. Quatrebarbes (le comte de). OEuvres complètes du roi René, avec une biographie. *Angers*, *Cosnier*, 1846, 4 tom. en 2 vol. in-fol. demi-rel. dos et coins de ch. bl.

632. Scarron. OEuvres. *Amsterd.*, *Wetstein*, 1712, 6 vol. in-12, v. ant.

633. La Fontaine. OEuvres, précédées d'une notice

par A. Martin. *Paris, Laisné*, 1826, in-12, fig. v. r.

634. J.-J. Rousseau. OEuvres. *Amsterdam, M.-M. Rey*, 1764, 9 vol. in-12, v. f. fil. tr. dor.

635. — OEuvres complètes. *Paris, Lequien*, 1822, 20 vol. in-8, cart. n. rogn.

636. OEuvres complètes de Voltaire. *Paris, Lefèvre*, 1818, 42 vol. in-8, cart. n. rogn.

637. Duclos. OEuvres complètes. *Paris, Fain*, 1806, 10 vol. in-8, v. m.

638. OEuvres de Montesquieu. *Paris, Belin*, 1817, 2 vol. in-8, cart.

639. OEuvres de Fontenelle. *La Haye, Gosse et Neaulme*, 1729, 3 vol. gr. in-4, v. *fig. de Bernard Picard.*

640. Marmontel. OEuvres posthumes. *Paris, Verdière*, 1820, 19 vol. in-8, fig. demi-rel. v. v.

641. La Harpe. OEuvres diverses. *Paris, P. Dupont*, 1826, 15 vol. in-8, demi-rel. v. r.

642. Napoléon III. OEuvres complètes. *Paris, H. Plon*, 1856, 4 vol. in-8, br.

HISTOIRE.

I. GÉOGRAPHIE, VOYAGES, CHRONOLOGIE, HISTOIRE UNIVERSELLE, HISTOIRE ANCIENNE.

643. Bouillet. Dictionnaire universel d'histoire et de géographie. *Paris, Hachette*, 1845, in-8, rel. toile.

644. Alfred Maury. Rapports sur les travaux et les progrès des sciences géographiques (1855-1861). 7 années en un vol. in-8, demi-rel. mar. n.

645. Mélanges sur la géographie et l'ethnographie, par d'Avezac, Deloche, Jomard, Ch. Jourdain, Malte-Brun, etc.. 9 parties en un vol. gr. in-8, demi-rel. mar. br.

646. Malte-Brun. Géographie universelle, illustrée par Gustave Doré. *Paris, Gustave Barba*, 2 tom. en 4 vol. gr. in-8, demi-rel. bas. fig.

647. Nouveau Théâtre du monde, contenant les Estats, empires, royaumes et principautez. *Paris, Ant. Estienne*, 1661, in-folio, mar. r. (*Armes*.)

648. J. de la Haye. Thrésor de cartes, contenant les tableaux de tous les pays du monde. *Paris, C. Nicolas*, 1602, gr. in-8, obl. fig. et cartes, v.

649. Mallet. Description de l'univers. *Paris*, *Denys Thierry*, 1683, 5 vol. fig. et costumes, v. ant.

650. Raccolta delle più illustri et famose città di tutto il mondo. *S. l. n. d.*, in-8 obl.

651. Le Miroir de l'univers, ou calendrier et almanach curieux. *Paris* (1723), in-8, demi-rel. dos et coins de v. f.

Volume entièrement gravé.

652. De Bonis. Le Parterre géographique et historique. *Paris, Noyon fils*, 1753, in-8, mar. r. fil. tr. dor.

653. Atlas de poche à l'usage des voyageurs et des officiers. *Amsterdam, H. du Sauzet*, 1734, pet. in-8, cartes, v. ant.

654. Jeu de cartes de la géographie. *S. l. n. d.*, in-12, fig. demi-rel.

655. P. Du Val. Cartes et tables de géographie des provinces eschues à la reyne. *Paris*, 1667, in-12, fig. v.

656. Mentelle. Atlas universel de géographie physique et politique, ancienne et moderne. *Paris, Chanlaire*, 1816, gr. in-folio, cartes, v. rac.

657. Baronne de Montaran. La Clef des champs, excursions dans les Etats vénitiens. *Paris, Mandeville*, 1853, in-8, fig. rel. toile, tr. dor.

658. El-Bekri. Description de l'Afrique septentrionale, trad. par Mac Guckin de Slane. *Paris*, 1859, in-8, demi-rel. bas.

659. Lenglet-Dufresnoy. Tablettes chronologiques de l'histoire universelle. *Paris*, *De Bure*, 1763, 2 vol. in-12, v. m.

660. Catalogus annorum et principum ab homine condito, per V. Ryd. *Berna*, 1540, in-fol. vélin, *figures sur bois*.

661. G.-B. Depping. Voyage d'un étudiant dans les cinq parties du monde. *Paris, Delamarche*, 1835, 2 vol. in-8, fig. demi-rel. v. r.

662. De Monconys. Journal de ses voyages. *Lyon, H. Boissat*, 1666, 3 vol. in-4, fig. v. f.

663. J. Arago. Promenade autour du monde. *Paris*, *Leblanc*, *s. d.*, 2 vol. in-8, v.

664. J. Fleutelot. Retour d'un voyage en Orient. *Paris, Duverger*, 1837, in-8, demi-rel. v. bl.

665. H. de Saussure. Voyages dans les Alpes. *Neuchâtel*, *L.-F. Borel*, 1796, 4 vol. in-4, fig. demi-rel. bas.

666. Viage real del rey Phelipe Quinto. *Madrid*, 1712, in-4, v. br.

667. Chevreau. Histoire du monde. *Paris, E. Martin*, 1690, 5 vol. in-12, v.

668. Le Premier (et le Second) Livre de la mer des histoires, auquel est contenu toutes les histoires du Vieil et du Nouveau Testament. *Paris*, par *Ambroise Girault*, *s. d.*, 2 vol. in-fol. gothiques.

Le tome I est à longues lignes, le tome II est à deux colonnes, et de l'édition de *Lyon, Claude d'Aoust*. Exemplaire très-fatigué et défectueux.

669. Prideaux. Histoire des Juifs et des peuples voisins. *Amsterdam, H. du Sauzet*, 1722, 5 vol. in-12, fig. v. f.

670. Chaussard. Fêtes et Courtisanes de la Grèce. *Paris*, 1821, 4 vol. in-8, fig. demi-rel. v. f.

671. J.-J. Barthélemy. Voyage du jeune Anacharsis en Grèce. *Paris, Didot jeune, an VII*, 7 vol. in-8, v. r. et atlas in-4.

672. Voyages d'Anténor en Grèce et en Asie, trad. par Lantier. *Paris, an VI*, 3 vol. in-8, bas.

673. W. Vincent. Voyage de Néarque, des bouches de l'Indus jusqu'à l'Euphrate, traduit de l'anglais par Billecocq. *Paris, an VIII*, gr. in-4, fig. v. m.

674. A. Filon. Histoire de la démocratie athénienne. *Paris, A. Durand*, 1854, in-8, demi-rel. bas.

675. De Vertot. Histoire des révolutions arrivées dans le gouvernement de la république romaine. *Paris, Renouard*, 1796, 4 vol. in-8, pap. vél. v. m. fil. tr. dor.

676. V. Duruy. Etat du monde romain vers le temps de la fondation de l'empire. *Paris, Hachette*, 1853, in-8, demi-rel. m. cit.

677. La Conjuration de Catilina y la Guerra de Jugurtha, por Caio Sallustio. *Madrid, Harra*, 1772, in-fol. bas. n. rogn. (*Armoiries.*)
Traduction de l'Infant don Gabriel.

678. Rollin. OEuvres complètes. *Paris, Didot*, 1818, 26 vol. in-12, cart. et atlas in-4.

679. L'Héroïsme, ou l'Histoire militaire des plus illustres capitaines qui aient paru dans le monde. *Paris, Merlin*, 1766, in-12, mar. r. fil. tr. dor. (*Armoiries.*)

680. J. Sleidan. Trois Livres des quatre empires souverains. *Strasbourg*, 1558, pet. in-8. parch.

681. Histoire des Croisades, par Michaud. *Paris*, 1838, 6 vol. in-8, demi-rel.

2. HISTOIRE DE FRANCE.

682. Les Anciennes et Modernes Généalogies des roys de France, et mesmement du roy Pharamond, avec leurs épitaphes et effigies, par Jehan Bouchet. *Nouvellement imprimez à Paris*, 1539, pet. in-8, vel. bl.

Imprimé en gothique. Édition rare. Quelques feuillets plus courts.

683. Jean Le Maire. Les Illustrations de Gaule et singularitez de Troyes. *Lyon, J. de Tournes*, 1549, in-fol. front. gr. v. ant. (*Mouillures.*)

684. L'Histoire des Histoires, plus le dessein de l'histoire nouvelle des François. *Paris, Marc Orry*, 1599, pet. in-8, vélin.

Titre raccommodé.

685. Cl. Fauchet. Les Antiquitez gauloises et françoises, avec le traité de l'origine de la poésie françoise. *Paris, D. Le Clerc*, 1610, pet. in-4, v. m.

686. Gilles Corrozet. Le Thrésor des histoires de France. *Paris, Jean Corrozet*, 1614, pet. in-8, cart. (*Piqûres.*)

687. Estienne Pasquier. Les Recherches de la France. *Paris*, 1621, in-folio, parch. (*Mouillures.*)

688. Vallet (de Viriville). Notice et extraits du manuscrit intitulé : Geste des nobles Françoys descendus du roi Priam. *S. d.*, gr. in-4, demi-rel. dos et coins de v. v. (*Extrait.*)

689. Mézeray. Abrégé chronologique ou extraict de l'histoire de France. *Paris, Thomas Joly*, 1667, 3 vol. in-4, portraits, demi-rel. bas.

690. Valerot. Journal de la France, contenant ce qui s'est passé de plus mémorable depuis l'origine de la monarchie jusqu'à présent. *Paris, C.-L. Thiboust*, 1719, in-12, fig. v. ant.

691. Abrégé méthodique de l'histoire de France,

par de Brianville. *Paris, Ch. de Sercy*, 1678, in-12, fig. v. ant.

692. De Brianville. Abrégé méthodique de l'histoire de France. *Paris, Cl. Prudhomme*, 1726, in-12, demi-rel. v. f. fig.

Titre coupé.

693. De Limiers. Annales de la monarchie françoise. *Amsterdam, Châtelain*, 1724, 3 part. en 1 vol. in-folio, v. ant. fig.

694. — Annales de la monarchie françoise. *Amsterdam, L. Honoré*, 1724, in-folio, v. f.

695. Nouvel Abrégé chronologique de l'histoire de France, par le président Hénault. *Paris, Prault*, 1749, in-4, fleurons par Cochin, v. m.

696. Hénault. Nouvel Abrégé chronologique de l'histoire de France. *Paris*, 1768, 2 vol. gr. in-4, vign. et fleurons, cart. n. rogn.

697. Anquetil. Histoire de France. *Paris, Janet*, 1818, 13 vol. in-8, cart.

698. Félix Ansart. Histoire de France. *Paris*, 1846, 2 vol. in-8, br.

699. Ozaneaux. Histoire de France. *Paris, Dezobry et Magdeleine*, 1846, 2 vol. in-8. demi-rel. v. f.

700. Achmet d'Héricourt. Manuel de l'histoire de France. *Paris, Roret*, 1846, 2 vol. in-8, br.

701. Dictionnaire topographique de la France. *Paris, Impr. imp.*, 1861, 7 vol. gr. in-4, br.

Yonne, Meurthe, Basses-Pyrénées, Hérault, Nièvre, Eure-et-Loir, Haut-Rhin.

702. L. Fallue. Annales de la Gaule. *Paris, Durand*, 1864, in-8, br.

703. Recueil des historiens des Gaules et de la France, publ. par de Wailly et Delisle. *Paris*, 1865, 2 vol. in-fol. br. (*Tomes XXI et XXII.*)

704. Priviléges accordés à la couronne de France par le Saint-Siége. *Paris*, 1855, gr. in-4, cart.

705. P. de la Ramée. Traité des façons et coustumes des anciens Gaulois, traduit du latin par M. de Castelnau. *Paris*, *A. Wechel*, 1559, pet. in-8, cart.

706. J. du Tillet. Recueil des roys de France, leurs couronne et maison. *Paris*, *J. Houzé*, 1607, in-4, v. (*Mouillé.*)

707. La Grandeur de nos roys et de leur souveraine puissance. *Paris*, 1615, pet. in-8, parch.

707 *bis*. J. de Cassan. La Recherche des droicts du roy et de la couronne de France sur les royaumes étrangers. *Paris*, *F. Pomeray*, 1632, in-4, fr. gr. parch.

708. R. P. A. Girard. Les Mémorables Journées des François, où sont descrites leurs victoires. *Paris*, *J. Hénault*, 1647, in-4, pl. gr. v. m. (*Armoiries.*)

709. Bullet. Dissertation sur différens sujets de l'histoire de France. *Besançon*, *Charmet*, 1759, pet. in-8, bas.

710. (La Chesnaye des Bois.) Dictionnaire historique des mœurs, usages et coutumes des François. *Paris*, *Vincent*, 1767, 3 vol. in-12, cart.

711. P. Daniel. Abrégé de l'histoire de la milice françoise. *Paris*, *de Thou*, 1773, 2 vol. in-12, cart. n. rogn. fig.

712. Tableau des mœurs françaises aux temps de la chevalerie. *Paris*, *A. Egron*, 1825, 4 vol. in-8, cart.

713. A. Thierry. Essai sur l'histoire de la formation du Tiers-Etat. *Paris*, *Furne*, 1853, in-8, br.

714. Piganiol de la Force. Nouvelle Description de la France. *Paris*, *Th. Legras*, 1718, 6 vol. in-12, demi-rel.

715. L'État de la France (par les religieux Bénédictins de Saint-Maur). *Paris*, *David*, 1749, 6 vol. in-12, v. m.

716. Patria. La France ancienne et moderne, morale et matérielle. *Paris, Dubochet*, 1847, 2 vol. in-12, demi-rel. v. v.

717. V. Fouque. Recherches historiques sur les corporations des archers, des arbalétriers et des arquebusiers. *Paris, Dumoulin*, 1852, in-8, demi-rel. v. r.

718. M. J. Desnoyers. Topographie ecclésiastique de la France. *Paris, Vincent*, 1861, 2 vol. in-8, broch.

719. De St-Allais. De l'Ancienne France. *Paris*, 1833, 2 vol. in-8, demi-rel. v. v.

720. F.-A. Mignet. De la Féodalité, des institutions de saint Louis. *Paris, L'Huillier*, 1822, in-8, cart.

721. Reges Francorum Merovincici documentorum authoritate asserti a L. Gebhardi. *Luneburgi*, 1736, in-4, vélin.

722. C. Fauchet. Déclin de la maison de Charlemagne. *Paris*, 1602, in-12, cart.

723. J. Froissart. Les Chroniques, avec des notes par J.-A. Buchon. *Paris, Desrez*, 1835, 3 vol. gr. in-8, demi-rel. v. r.

724. N.-L. Achaintre. Histoire de la maison royale de Bourbon. *Paris*, *Mansut*, 1825, 2 vol. in-8, v. m.

725. Les Bourbons, par Aug. Savagner. *Paris*, 1845, 2 vol. gr. in-8, br. fig.

726. L. Delisle. Catalogue des actes de Philippe-Auguste. *Paris*, *A. Durand*, 1856, in-8, demi-rel. ch. viol.

727. G.-A. Crapelet. Le Combat de trente Bretons contre trente Anglois, publié d'après le manuscrit de la Bibliothèque du roi. *Paris*, *Crapelet*, 1835, gr. in-8, fig. et pl. de bl. en couleurs, demi-rel. dos et coins ch. n.

728. P. Clément. Jacques Cœur et Charles VII, ou la France au xve siècle. *Paris, Guillaumin*, 1853, 2 vol. in-8, br.

729. Mlle de Lussan. Histoire et règne de Louis XI. *Paris, Pissot*, 1755, 6 vol. in-12, v. f.

730. Mémoires de messire Philippe de Comines, seigneur d'Argenton, augmentez de plusieurs traittez par Denys Godefroy. *Brusselles, F. Foppens*, 1714, 4 vol. in-8, v. m. *Portraits.*

731. Apologia cujusdam regiæ famæ studiosi qua Cæsiariani impuri mendacii et calumniæ manifestè arguuntur. *Lutetiæ, apud Car. Stephanum*, 1551. — Seconde Apologie contre les calomnies des Impériaux sur les causes et ouvertures de la guerre. *Paris, Ch. Estienne*, 1552. — 2 parties en 1 vol. in-4, demi-rel.

732. Les Mémoires de messire Michel de Castelnau, augmentez de plusieurs pièces secrettes et originales sur les règnes de François II, Charles IX et Henri III, publ. par J. Le Laboureur. *Bruxelles, J. Léonard*, 1731, 3 vol. in-fol. portr. et 400 armoiries grav. v. m.

733. Les Mémoires de messire Michel de Castelnau, avec des généalogies par J. Le Laboureur. *Bruxelles*, 1731, 3 vol. in-fol. rel. (*Blasons.*)

734. La Vertu du Catholicon d'Espagne avec un abrégé de la tenue des états de la ligue. *S. l.*, 1594, pet. in-8, rel.

735. Deux Contracts de mariage, le premier de Henry III, roy de France; le second du roy Louis XIIIe du nom. *Paris*, 1612, pet. in-8, portraits, bas. fleurdelisée.

Manuscrit.

736. Règlement fait par le roy pour la la police des charges des gouverneurs de province. *Chaalons, Cl. Guyot*, 1593, in-12, br.

737. Mémoires de Maximilien de Béthune, duc de Sully. *Londres*, 1778, 8 vol. in-12, v. m. fil. tr. dor.

738. De Bury. Histoire de la vie de Louis XIII. *Paris, Saillant,* 1768, 4 vol. in-12. v. m.

739. Michel Le Vassor. Histoire du règne de Louis XIII. *Amsterdam*, *P. Brunel*, 1711, 20 vol. in-12, v. m.

740. Ray de St-Geniés. Histoire militaire du règne de Louis le Juste, XIIIe du nom. *Paris, Durant*, 1755, 2 vol. in-12, v. m.

741. Les Triomphes de Louis le Juste, XIIIe du nom, avec les portraits des rois, princes, etc. *Paris*, *A. Estienne*, 1699, in-folio, v. m. *fig. et portraits.*

742. Négociations, lettres et pièces relatives à la conférence de Loudun, publiées par Bouchitté. *Paris,* 1862, gr. in-4, cart.

743. P. Roger. Archives historiques de l'Albigeois et du pays Castrais. *Albi*, *Rodière*, in-8, fig. demi-rel. bas.

744. Lettres, instructions diplomatiques et papiers d'État du cardinal de Richelieu, recueillis et publiés par M. Avenel. *Paris*, 1861, 4 vol. gr. in-4, cart.

745. La Déroute des troupes de Mazarin, vue en songe, en vers burlesques. *Lille*, *Vanackere*, 1853, in-8, br.

Réimpression.

746. Raillerie universelle, dédiée aux curieux de ce temps, en vers burlesques. *Paris*, *P. Targa*, 1649, in-8, br.

Réimpression faite à Lille et tirée à cent vingt exemplaires.

747. Mémoires du cardinal de Retz, de Guy Joly et de M. de Nemours. *Paris, Ledoux*, 1817, 6 vol. in-12, demi-rel. v. f.

748. Le Sacre et couronnement de Louis XIV dans l'église de Reims. *Paris*, *J.-M. Garnier*, 1720, in-12, v. ant.

749. Recueil de 15 pièces sur le mariage de Louis XIV. 1660, in-4, v. br. *portraits de Larmessin.*

1° La Magnifique Entrée du Roy et de la Reine en la ville de Paris. — 2° Entrevues et Serments des rois pour la paix. — 3° La Marche de leurs Maj. depuis Saint-Jean de Luz. — 4° Description des arcs de triomphe. — 5° Les Harangues. — 6° Le Parfait Portrait de Marie-Thérèse. — 7° Explication des devises. — 8° Explication de tous les tableaux. — 9° Le Parnasse royal. — 10° Ordre de la marche. — 11° La Cavalcade royale. — 12° L'Entrée de la Reine, par le sieur Loret. — 13° La Marche royale. — 14° Remerciement de MM. les provinciaux. — 15° L'Adresse des provinciaux à la ville de Paris.

750. Bussy-Rabutin. Histoire de Louis le Grand. *Paris, Florentin*, 1699, in-12, v. ant.

751. L'abbé Hébert de Rocmont. La Gloire de Louis le Grand dans les missions étrangères. *Paris*, 1688, in-12, v. br.

752. Al. Dumas. Louis XIV et son siècle. *Paris*, *Marescq*, 1851, in-8, fig. demi-rel. v. r.

753. P. Duval. La France depuis son agrandissement par les conquêtes du roy. *Paris*, 1680, in-12, cart. géogr. et blasons, v ant.

754. — La France depuis son agrandissement par les conquestes du roy. *Paris*, *N. Langlois*, 1682, 2 vol. in-12, blasons et cartes coloriées, v. ant.

755. Les Conquestes de Louis XIV. *S. l. n. d.*, gr. in-fol. v. br.

Trente-neuf planches, dont une partie est gravée par Séb. Le Clerc.

756. Les Glorieuses Conquestes de Louis le Grand, roi de France. *Paris*, *l'auteur*, *s. d.*, 2 vol. gr. in-fol. demi-rel. fig. et cartes. Planches remontées.

757. St-Simon. Mémoires; nouvelle édition. *Paris*, *Egron*, 1818, 6 vol. in-8, demi-rel.

758. Journal d'Olivier Le Fèvre d'Ormesson, publ. par Chéruel. *Paris*, *Impr. imp.*, 1860, 2 vol. in-4, cart. n. rogn.

759. Cl. Haton. Mémoires, publ. par Félix Bourquelot. *Paris*, 1857, 2 vol. gr. in-4, cart.

760. Nicolas-Joseph Foucault. Mémoires, publiés et annotés par F. Baudry. *Paris*, 1862, gr. in-4, cart.

761. Cl. de Letouf, baron de Sirot. Mémoires. *Paris, Ch. Osmont,* 1683, 2 vol. in-12, portrait, v. ant.

762. Les Mémoires de J. de Chastenet, seigneur de Puysegur, donnez au public par M. Du Chesne. *Paris, Morel,* 1690, 2 vol. in-12, portr. v. m.

763. La France sans bornes. *Cologne, P. Marteau,* 1684, in-12, demi-rel. v. f.

764. Pontis. Mémoires. *Amsterdam,* 1749, 2 vol. in-12, v. m.

765. Catinat. Mémoires et correspondance. *Paris, s. d.*, 3 vol. in-8, demi-rel. bas. fac-simile et fig.

766. Panégyriques et harangues à la louange du roy, prononcez dans l'Académie française. *Paris, P. Le Petit*, 1680, in-8, v. ant.

767. Ludovico Magno Panegyricus, à Jac. de la Baune. *Parisiis, Gabr. Martin,* 1684, in-12, mar. r. tr. dor. (*Armes.*)

768. Médailles de Louis XIV. *S. l. n. d.*, 2 vol. in-8, fig. demi-rel. 265 *planches.*

769. Médailles sur les principaux événements du règne de Louis le Grand. *Paris*, 1702, gr. in-4, fig. v. ant.

770. Médailles sur les principaux événements du règne de Louis le Grand. *Paris, Impr. roy.*, 1702, in-folio, v. ant. *Texte encadré.*

771. Campagnes de Louis XV, représentées par des figures allégoriques, avec une explication historique. *Paris*, 1788, in-folio, fig. demi-rel. v. f.

772. Vie privée ou apologie de Mgr le duc de Chartres, *à cent lieues de la Bastille.* 1784, in-8, v. m.

773. Mémoires de Fleury. *Paris, A. Delahays*, 1847, 2 vol. in-12, demi-rel.

774. Abbé de Petoty. Etrennes françaises dédiées à la ville de Paris. *Paris, Simon*, 1766, in-4, fig. v. m. fil. tr. dor. fig.

775. Sacre et couronnement de Louis XVI, orné de figures en taille-douce. *Paris, Vente*, 1775, gr. in-4, pl. gr. demi-rel. ch. n.

776. Affaire du Collier. 20 pièces en 1 vol. in-4. demi-rel.

777. Patas. Sacre et couronnement de Louis XVI. *Paris, Patas*, 1775, in-4, fig. demi-rel. v. f.

778. Cléry. Journal de ce qui s'est passé à la Tour du Temple pendant la captivité de Louis XVI. *Londres*, 1798, in-8, demi-rel. bas.

Envoi autographe signé.

779. Histoire de l'Esprit révolutionnaire des nobles en France. *Paris, Baudoin*, 1818, 2 vol. in-8, cart.

780. De Méry. Réfutation de l'écrit intitulé : Histoire de l'Esprit révolutionnaire des nobles en France. *Paris, Lenormand*, 1819, in-8, demi-rel. v. f.

781. Vie privée des ecclésiastiques, prélats et autres fonctionnaires publics qui n'ont pas prêté le serment. *Paris, Garnéry*, 1791, in-12, demi-rel. v. n.

782. Eckard. Mémoires historiques sur Louis XVII. *Paris, H. Nicolle*, 1818, in-8, fig. v. r. fil.

783. Confédération nationale, ou récit exact de ce qui s'est passé à Paris le 14 juillet 1790. *Paris, Garnéry, an II*, demi-rel. bas.

784. Almanach royal, 1791. *Paris, D'Houry*, in-18, m. r. fil. tr. dor.

Dans le même volume : Étrennes nationales. *Paris, Cailleau*, 1791. — Extrait de l'État militaire, 1791.

785. Champin. Almanach des 83 départements, ou

almanach national géographique. *Paris*, 1791, in-12, v. m.

786. La Constitution française. *Paris, imprimerie de Didot jeune*, 1792, in-18, mar. r. fil. tr. dor.

787. Dulaure. Histoire de la révolution française. *Paris, s. d.*, 6 vol. in-8, demi-rel. bas.

788. — Œuvres. *Paris, Guillaume,* 1825, 25 vol. in-8, v. v. et un atlas.

Histoire de Paris et des environs de Paris. — Esquisses de la Révolution française. — Singularités historiques. — Histoire des différents cultes.

789. Al. Dumas. Napoléon. *Paris, Delloye*, 1840, in-8, fig. demi-rel. v. r.

790. Mémoires sur l'impératrice Joséphine. *Paris, Ladvocat*, 1829, 3 vol. in-8, fig. demi-rel, v. v.

791. Etiquette du palais impérial. *Paris*, 1806, gr. in-4, demi-rel. v. v.

792. Goulet. Fêtes à l'occasion du mariage de S. M. Napoléon, empereur des Français, avec Marie-Louise. *Paris, Soyer*, 1810, in-8, f. demi-rel. dos et coins de v. v.

793. Meneval. Souvenirs historiques sur Napoléon. *Paris, A. Delahays*, in-8, demi-rel.

794. A. Guilbert. Histoire des villes de France. *Paris, Furne*, 1848, 6 vol. gr. in-8, fig. gr. demi-rel. dos et coins de mar. la Vall. tête dor. n. rogn.

795. Springer. Paris au XIIIe siècle, trad. de l'allemand. *Paris, A. Aubry*, 1860, in-8, rel. toile.

796. Plan de Paris, en relief, fait par les ordres de Turgot. *Paris*, 1739, in-fol. mar. r.

Exemplaire fatigué.

797. Plan topographique et raisonné de Paris, présenté au duc de Chevreuse. *Paris*, 1758, in-12, fig. v. m.

798. La Généralité de Paris divisée en XXII élections. *Paris, M. David*, 1710, in-12, v. m.

799. Michel Félibien et Al. Lobineau. Histoire de la ville de Paris. *Paris, G. Desprez*, 1725, 5 vol. gr. in-folio, v. m.

800. L'abbé Lebeuf. Histoire de la ville et de tout le diocèse de Paris. *Paris*, *Prault*, 1754, 15 vol. in-12, v. m.

801. T. Lavallée. Histoire de Paris, depuis le temps des Gaulois jusqu'à nos jours. *Paris*, *M. Lévy*, 1857, 2 vol. in-12, demi-rel.

802. Tableau de Paris (par Mercier). *Amsterdam*, 1783, 8 vol. in-8, bas.

803. Dictionnaire historique de la ville de Paris, par Hurtaud. *Paris, Moutard*, 1789, 4 vol. in-8, v. m.

804. Dulaure. Histoire de Paris. *Paris*, *Guillaume*, 1822, 7 vol. in-8. demi-rel.

805. Lazare. Dictionnaire administratif et historique de Paris. *Paris*, *Lazare*, 1844, gr. in-8, demi-rel. v. gr.

806. P. de Kock. La Grande Ville, nouveau tableau de Paris. *Paris*, *Marescq*, 1844, gr. in-8, fig. demi-rel. v. v.

807. Paris-Guide, par les principaux écrivains et artistes de la France. *Paris*, *Lacroix*, 1867, 2 vol. in-12, fig. rel. toile.

808. Cartulaire de l'Église Notre-Dame de Paris, publ. par Guérard. *Paris*, *Crapelet*, 1850, 4 vol. gr. in-4, demi-rel. m. r.

809. Remarques historiques sur la Bastille. *Londres*, 1783, in-8, demi-rel. v. f.

810. L'Hôtel de Cluny et le Palais des Thermes. *Paris*, *Ducollet*, 1834, in-8, demi-rel. bas.

811. Madame de St-Surin. L'Hôtel de Cluny, au moyen âge. *Paris*, *Techener*, 1835, in-12, demi-rel. v. v.

812. Ch. Nodier. Les Environs de Paris. *Paris*, *Boizard*, *s. d.*, gr. in-8, fig. demi-rel. v. r.

813. Nouvelle Description des châteaux et parcs de Versailles et de Marly. *Paris*, *Florent Delaulne*, 1707, 2 vol. in-12, fig. demi-rel. v. f.

814. Nouvelle Description des châteaux et parcs de Versailles et de Marly, par Piganiol de la Force. *Paris*, 1751, 2 vol. in-12, bas. fig.

815. A. de Bonne-Case. Tableau des provinces de la France. *Paris*, *J.-B. Loyson*, 1664, 2 tom. en 1 vol. in-12, parch.

816. Recueil des fortifications, forts et ports de mer de France. *Paris, Le Rouge*, *s. d.*, in-8, v. v. fil.

817. P. Roger. Archives historiques de la Picardie et de l'Artois. *Amiens*, *Duval*, 1843, 2 vol. gr. in-8, br.

818. Journal de la comtesse Sauzay. Intérieur d'un château normand au XVIe siècle, par le comte de Laferrière-Percy. *Paris*, *Aubry*, 1859, in-12, demi-rel. cart.

819. L. Fallue. Histoire politique et religieuse de l'Église métropolitaine et du diocèse de Rouen. *Rouen*, *Le Brument*, 1851, 4 vol. in-8, br.

820. De Pontaumont. Histoire de la ville de Carentan. *Paris*, *Dumoulin*, 1863, in-8, demi-rel. v. r.

821. Breiz-Izel ou vie des Bretons de l'Armorique, dessins par Ol. Perrin, texte par A. Bouet. *Paris, Dusillion*, 1844, 2 vol. in-8, fig. br.

822. A. Marteville. Rennes ancien et Rennes moderne, ou histoire complète de ses origines. *Rennes*, *Deniel*, *s. d.*, 3 vol. in-12, demi-rel. v. r.

823. (Cte de Vauban.) Mémoires pour servir à l'histoire de la guerre de la Vendée. *Paris*, 1806, in-8, v. m.

824. Cartulaire de l'abbaye de Redon, en Bretagne, publié par Aurélien de Courson. *Paris*, 1863, gr. in-4, cart.

825. A. Dinaux. Description des fêtes populaires données à Valenciennes en 1851, par la société des Incas. *Lille, Vanackere*, 1856, gr. in-8, demi-rel. ch. r. figures.

826. La Touraine, histoire et monuments, publié sous la direct. de l'abbé Bourassé, illust. par Karl Girardet et Français. *Tours, Mame*, 1856, in-fol. fig. noires et en couleurs, mar. r. tr. dor. (*Dans un étui.*)

827. Rerum burgundicarum lib. VI, auctore Heutero. *Hagæ-Comitis*, 1639, pet. in-8, vélin.

828. A. Ducourneau et A. Monteil. Histoire nationale des départements de la France (Bourgogne). *Paris, Marescq, s. d.*, gr. in-4, fig. demi-rel. ch. bleu.

829. Pierre de St-Julien. De l'Origine des Bourgongnons et antiquités des Estats de Bourgongne. *Paris, N. Chesneau*, 1581, in-fol. pl. gr. v. ant.

830. De Barante. Histoire des ducs de Bourgogne. *Paris, Furne*, 1842, 8 vol. in-8, demi-rel. ch. v. figures.

831. (Chorier.) Histoire de Dauphiné, abrégée pour Mgr le Dauphin. *Grenoble, Ph. Charuys*, 1674, 2 vol. in-12, v. f.

832. P. Allut. L'Accueil de madame de la Guiche à Lyon (1598), publié jouxte la copie imprimée à Lyon la même année. *Lyon, Scheuring*, 1861, in-8, demi-rel. ch. v.

Tiré à cent exemplaires.

833. E. Ph. de Rymor. Traicté des pays et comté du Charrolois et des droits de souveraineté que la couronne de France a eus de tout temps et ancienneté sur iceux. *Paris, J. Richer*, 1619, pet. in-8, v. m.

834. Le Routier des provinces méridionales. *Toulouse, Pablos*, 1842, in-4, demi-rel. bas. fig.

835. Du Tilliot. Mémoires pour servir à l'histoire de la fête des fous. *Lausanne*, 1751, in-12, v. m.

836. Cartulaire de l'abbaye de Saint-Victor de Marseille, publ. par Guérard. *Paris*, *Lahure*, 1857, 2 vol. gr. in-4, cart.

837. J. Bouchet. Les Annales d'Aquitaine. *Poitiers*, *A. Mounin*, 1644, in-fol. demi-rel. v. f.

838. A. Assier. Les Archives curieuses de la Champagne et de la Brie. *Paris*, *Techener*, 1853, in-8, demi-rel. v. bl.

839. J.-B. Béraud. Histoire des comtes de Champagne et de Brie. *Paris*, 1842, 2 vol. in-8, demi-rel. v. bl. n. rogn.

840. A.-H. Taillandier. Histoire du château et du bourg de Blandy, en Brie. *Paris, Dumoulin*, 1854, in-8, fig. demi-rel. v. r.

841. Cartulaire de l'abbaye de Beaulieu, publ. par Maximin Deloche. *Paris*, 1859, gr. in-4, cart.

842. Cartulaire de l'abbaye de Savigny, suivi du petit cartulaire de l'abbaye d'Ainay, publ. par Aug. Bernard. *Paris*, *Impr. imp.*, 1853, 2 vol. in-4, cart.

843. Pallet. Nouvelle Histoire du Berry. *Paris*, *Monory*, 1783, 5 vol. pet. in-8, fig. demi-rel. mar. r.

844. Opoix. Histoire de Provins. *Paris*, *Raynal*, 1823, in-8, demi-rel. v. bl.

845. A. Germain. Histoire de la commune de Montpellier. *Montpellier*, 1851, 3 vol. in-8, br.

846. Elégie de ce que la Lorraine a souffert depuis quelques années, par peste, famine et guerre (par Héraudel). *Nancy*, 1660, in-4, cart.

Réimpression faite à petit nombre en 1839.

847. Durival. Description de la Lorraine et du Barrois. *Nancy*, *Ve Leclère*, 1779, 3 vol. grand in-4, v. m.

848. Cl.-F. Menestrier. Histoire civile ou consulaire de la ville de Lyon. *Lyon*, *N. de Ville*, 1696, in-folio, fig. v. ant.

849. Léon Guérin. Les Marins illustres de la France. *Paris*, *Ve Adam et Maurin*, in-8, fig. cart.

850. M. Alhoy. Les Bagnes. *Paris*, *G. Havard*, 1845, in-8, fig. demi-rel. bas.

3. HISTOIRE ÉTRANGÈRE.

851. L'abbé Destrées. L'Europe vivante et mourante, ou tableau annuel des principales cours de l'Europe. *Bruxelles*, *F. Foppens*, 1759, in-12, v. m.

852. Stumpef. Gemeiner loblicher, etc... Description et chroniques des Etatz, terres et peuples de la confederation generale. *Zurich*, 1586, 2 vol. in-fol. v. estampé, rel. sur bois.

853. H.-M.-G. Grellimann. Histoire des Bohémiens. *Paris*, *J. Chaumerot*, 1810, in-8, cart. n. rogn.

854. Mart. Hamconii Frisia, seu de Viris rebusque Frisiæ illustribus libri II. *Franckaræ*, 1620, in-4, vélin, *figures*.

855. Histoire des guerres d'Italie. composée par Guichardin, trad. par Guill. Chomedey, Parisien, à laquelle ont esté adjoustées les observations politiques du S. de La Noue. 1593, in-8, vélin.

856. Négociations diplomatiques de la France avec la Toscane, publiées par Abel Desjardins. *Paris*, 1861, 2 vol. gr. in-4, cart.

857. Histoire générale des guerres du Piedmont, Savoye, etc., commençant aux mémoires du sieur du Villars (de 1550 à 1562). *Paris*, 1620, 2 vol. pet. in-8, vélin. (*Piqûres.*)

858. Genealogia e Gesta de' reali sovrani di Savoia. *In Torino*, 1775, in-8, v.

859. Panvinius. Epitome Pontificum Romanorum a S. Petro usque ad Paulum III. *Venetiis*, 1557, in-fol. v. (*Blasons*.)

860. Accuratæ Effigies pontificum maximorum. *Argentorati*, 1573, in-fol.

Titre orné et portraits

861. Congniard. Traité contre l'éclaircissement donné par M. Blondel, en la question si une femme a été assise au siége papal de Rome, entre Léon IV et Benoît III. *Saumur, J. Ribotteau*, 1655, in-8, parch.

862. Spanheim. Histoire de la papesse Jeanne. *La Haye, Scheurleer*, 1720, 2 vol. in-12, porch. fig.

863. Berger de Xivrey. Tradition française d'une confédération de l'Italie. *Paris*, 1860, in-8, demi-rel.

864. Chronicon Placentinum. *Parisiis, Plon*, 1856, in-4, demi-rel. v. f.

865. Hume. Histoire d'Angleterre, trad. en français. *Paris, Jubin*, 1832, 16 vol. in-8, demi-rel.

866. Guizot. Monk, chute de la république. *Paris, Didier*, 1851, in-8, portr. demi-rel. bas.

867. Boulay (de la Meurthe). Essai sur les causes qui, en 1649, amenèrent en Angleterre l'établissement de la république. *Paris, Baudoin, an VII*, in-8, demi-rel.

868. — Tableau politique des règnes de Charles II et de Jacques II. *Paris, Thomine*, 1822, 2 vol. in-8, demi-rel. v. f.

869. La Pologne historique, littéraire, monumentale et pittoresque. *Paris*, 1839-42, 3 vol. gr. in-8, rel. t.

870. La Cour de Russie il y a cent ans, extrait des dépêches. *Berlin*, 1858, in-8, demi-rel. v. v.

871. Briot. Histoire de l'état présent de l'empire

ottoman. *Paris, S. M.-Cramoisy,* 1670, gr. in-4, front. gr. v. m. *fig.*

872. Lamartine. Histoire de la Turquie. *Paris,* 1855, 8 vol. in-12, demi-rel. v. bl.

873. De Mas-Latrie. Histoire de l'île de Chypre sous le règne des princes de la maison de Lusignan. *Paris,* 1855, 2 vol. gr. in-8, br. (Tomes II et III.)

874. Gravures pour l'histoire d'Asie. In-12, fig. m. v. fil. tr. dor.

875. Le Mascrier. Description de l'Égypte. *La Haye, Isaac Beauregard,* 1740, 2 vol. in-12, v. ant.

876. Guizot. Washington. Fondation de la république des Etats-Unis. *Paris, Didier,* 1851, 2 vol. in-8, portr. demi-rel.

877. De Pradt. Des Colonies et de la révolution actuelle de l'Amérique. *Paris, Béchet,* 1817, 2 vol. in-8, demi-rel. v. bl.

4. ARCHÉOLOGIE, NUMISMATIQUE.

878. Robert de Spallart. Tableau historique des costumes, des mœurs et des usages des principaux peuples de l'antiquité et du moyen âge. *Metz, Collignon,* 1804, 7 vol. in-8 et 2 albums in-4 obl. fig. en couleurs, demi-rel. ch. v.

879. Nuova Raccolta de i costumi religiosi e militari degli antichi Egiziani, Etruschi, Greci e Romani, disegnata da Dom. Routi. *Roma, s. a.,* in-4 obl. demi-rel. fig.

880. L'Antiquité expliquée et représentée en figures, par Bernard de Montfaucon. *Paris,* 1719, 10 vol. in-fol. gr. pap. v. br. *figures.*

881. Museum Wormianum, seu historia rerum rariorum, adornata ab Olao Worm. *Amstel., apud Elzevirios,* 1655, in-fol. demi-rel. v. f. fig.

882. Notizia delle opere d' arti et d'antichità della raccolta Correr di Venezia, scritta da Vincenza Lazari. *Venezia,* 1859, in-8, cart.

883. Pompéia, décrite et dessinée par Ernest Breton. *Paris, Gide,* 1855, gr. in-8, fig. demi-rel. ch. r.

884. Antiquités étrusques, grecques et romaines, gravées par David, avec leurs explications par d'Hancarville. *Paris, David,* 1787, in-4, cart. *figures en couleurs.*

885. Antiquités d'Herculanum, gravées par F.-A. David, avec leurs explications par Sylvain Maréchal. *Paris, David,* 1780, 9 vol. gr. in-4, fig. demi-rel. v. f.

886. Cicalata sopra una certa curiosa statuetta antica di bronzo (Priapo). *Londra, Fickard,* 1723, pet. in-12, cart.

Rare.

887. Caryophilus. De veterum Clypeis. *Lugd. Bat.,* 1751, in-4, demi-rel.

888. Daniel de la Feuille. Essay d'un dictionnaire contenant la connoissance du monde, des sciences universelles, etc..., particulièrement celle des médailles. *Amsterdam, Daniel de la Feuille,* 1700, in-4, *fig. d'emblèmes,* demi-rel. v. f.

889. Pierre l'Anglois. Discours des hiéroglyphes égyptiens. *Paris, Abel l'Angelier,* 1583, in-4, parch. (*Mouillures.*)

890. — Discours des hiéroglyphes égyptiens, emblèmes, devises et armoiries. *Paris, Abel l'Angelier,* 1583, in-4, vélin vert.

Défectueux aux derniers feuillets.

891. P. Lacroix et A. Duchesne. Histoire de la Chaussure, depuis l'antiquité jusqu'à nos jours. *Paris, Delahays,* 1862, gr. in-8, fig. n. et en couleurs, demi-rel. v. v.

892. Paul Lacroix et F. Séré. Histoire de l'Orfèvre-

rie-joaillerie et des anciennes communautés et confréries d'orfévres-joailliers. *Paris*, 1850, gr. in-8, fig. n. et en couleurs, demi-rel. v. v.

893. La Cassette de saint Louis, roi de France, donnée par Philippe-le-Bel à l'abbaye du Lis; reproduction en or et en couleurs, avec une notice par Edm. Ganneron. *Paris, Claye*, 1855, in-fol. demi-rel. mar. r. tr. dor.

894. P.-P. Soltykoff. Collection archéologique (horlogerie). *Paris, Didron*, 1858, gr. in-4, demi-rel. v. v. 20 *planches*.

895. G. Peignot. La Selle chevalière. *Paris, Techener*, 1836, in-8, demi-rel. v. f.

896. Répertoire archéologique des départements de l'Aube, Oise, Morbihan et Tarn. *Paris, Imprim. imp.*, 1861-65, 4 part. in-4, br.

897. The Antiquities of Ireland, England, Scotland and Wales, by Francis Grose. *London*, 1791, 12 vol. in-4, c. de R. *Nombreuses figures*.

5. HISTOIRE LITTÉRAIRE.

898. De l'Allégorie, ou traités sur cette matière, par Winckelmann, Addison, Sulzer, etc. *Paris, Jansen, an VII*, 2 vol. in-8, demi-rel. v. f.

899. Sancié. Histoire de la littérature française. *Tours, Mame*, 1851, in-8, fi. demi-rel.

900. L. Aubineau. Notices littéraires sur le XVIIe siècle. *Paris, Gaume*, 1859, in-8, demi-rel. bas.

901. Emile Colombey. La Journée des madrigaux. *Paris, Aubry*, 1856, in-12, toile.

902. Lamartine. Cours familier de littérature. *Paris*, 1856-62 (79 entretiens): en tout 60 livraisons in-8, br.

6. BIOGRAPHIE.

903. Brantôme. Vies des hommes illustres. *Leyde, J. Sambix (Elzevir)*, 1666, 4 vol. in-12, cart.

904. P. Bayle. Dictionnaire historique et critique. *Amsterdam*, 1734, 5 vol. in-fol. fig. v. m.

905. L. Moreri. Le Grand Dictionnaire historique, généalogique et géographique, avec suppléments. *Paris, J. Vincent*, 1732-1749, 10 vol. in-folio, v. ant.

906. La Vie de l'empereur Charles V, traduite de l'italien de Léti. *Bruxelles, J. de Grieck*, 1715, in-12, v. ant. *Portraits*.

907. Ch. de Linas. Notice sur la vie et les écrits d'Antoine de Baulaincourt, roi d'armes de la Toison d'or (1550-1561). *St-Omer*, 1854, in-8, demi-rel. ch. r.

908. J. Caboche Demerville. Vies des Enfants célèbres. *Paris*, 1843, in-8, cart. fig.

909. G.-A. Crapelet. Robert Estienne, imprimeur royal, et le roi François Ier. *Paris, Crapelet*, 1839, in-8, demi-rel. v. bl.

910. (G. Peignot.) Histoire d'Hélène Gillet. *Dijon, V. Lagier*, 1829, in-8, demi-rel. v. n.

911. N. de la Fortelle. La Vie militaire, politique et privée de demoiselle Ch. G. L. A. d'Eon de Beaumont. *Paris, Lambert*, 1779, portrait, v. m.

912. Silvio Pellico. Mes Prisons, suivi des Devoirs des hommes. *Paris, Delloye*, 1842, gr. in-8, fig. d'après Séguin, d'Aubigny, Steinheil, cart.

913. A. de Lamartine. Vies des grands hommes. *Paris*, 1856, 4 vol. in-8, demi-rel. ch. v.

7. BIBLIOGRAPHIE.

914. Paul Lacroix. Histoire de l'Imprimerie et des arts et professions qui se rattachent à la typographie. *Paris, A. Delahays, s. d.*, gr. in-8, fig. n. et en couleurs, demi-rel. v. v.

915. (G. Peignot.) Petite Bibliothèque choisie et classée méthodiquement, etc. *Paris*, 1800, *an VIII*, in-8, broch.

916. Meerman. De l'Invention de l'imprimerie. *Paris, Schall*, 1809, in-8, br.

917. Traité élémentaire de bibliographie, par Boulard. *Paris*, 1804, in-8, demi-rel. v. f. n. rog.

918. Miller et Aubenas. Revue de bibliographie analytique. *Paris*, 1842 à 1845, 4 vol. in-8, demi-rel.

919. G. Peignot. Manuel du bibliophile, ou traité du choix des livres. *Paris, V. Lagier*, 1823, 2 t. en 1 vol. in-8, demi-rel. v. v.

920. H. Géraud. Essai sur les livres dans l'antiquité. *Paris, Techener*, 1840, in-8, demi-rel. m. bleu.

921. (Pseaume.) Dictionnaire bibliographique. *Paris, Ponthieu*, 1824, 2 vol. in-8, demi-rel. v. f.

922. J.-Ch. Brunet. Manuel du libraire et de l'amateur de livres. *Paris, Didot*, 1865, 6 vol. in-8, demi-rel. ch. v.

923. Barbier. Dictionnaire des ouvrages anonymes et pseudonymes. *Paris, Barrois*, 1827, 4 vol. in-8, demi-rel. v. v.

924. Nouveau Dictionnaire des ouvrages anonymes et pseudonymes, par De Manne. *Lyon, Scheuring*, 1862, in-8, br.

925. Quérard. Retouches au Nouveau Dictionnaire des ouvrages anonymes et pseudonymes de De Manne. *Paris*, 1862, in-8, br.

926. — Les Auteurs déguisés de la littérature française au XIXe siècle. *Paris*, 1845, in-8, br.

927. Bibliothèque héraldique de la France, par Guigard. *Paris, Dentu*, 1861, in-8, demi-rel. mar.

928. E. Werdet. Histoire du Livre en France. *Paris, Dentu*, 1862, 5 vol. in-12, demi-rel. v. v.

8. ENCYCLOPÉDIE. — JOURNAUX ILLUSTRÉS.

929. Brunetto Latini. Li Livres dou Trésor, publ. par P. Chabaille. *Paris*, 1863, gr. in-4, cart.

930. Chamber's Cyclopædia. *London*, 1786, 4 vol. in-fol. bas. *figures*.

931. Encyclopédie, ou Dictionnaire raisonné des sciences, par Diderot et d'Alembert, *Genève*, 1778, 39 vol. in-4, rel.

932. LE MONDE ILLUSTRÉ. *Paris*, 1857-68, 22 vol. in-fol. fig. demi-rel. v. r.

933. Illustrirte Dorfzeitung des Jahrer hinkenden Boten. *Lahr*, 1863-64, in-fol. figures.

ARTICLES OMIS.

FRANCS-MAÇONS.

934. Recueil sur la Franc-Maçonnerie, par Jachim et Le Franc. 5 part. en 1 vol. in-8, demi-rel. mar.

935. Nouveau Catéchisme des Francs-Maçons. *Paris, Collin*, 5802, in-18, fig. demi-rel. ch. r.

936. Maçonnerie symbolique suivant le régime du G. O. de France. 5804, in-18, demi-rel. ch. r.

937. Calendrier maçonnique. *Paris*, *Poulet*, 5814. in-12, demi-rel.

938. Caillot. Annales maçonniques. *Paris*, *Caillot*, 5807, in-12, v. m. fil. tr. dor.

939. L'Ordre des Francs-Maçons trahi, et le secret des mopses révélé. *Amsterdam*, 1763, in-12, v. ant.

940. Recueil précieux de maçonnerie adonhiramite. *Philadelphie*, 1786, in-12, v. m.

941. Thuileur. Des 33 degrés de l'Ecossisme du Rit ancien. *Paris*, *Delaunay*, 1813, in-8, 14 planches noires et en couleurs, demi-rel. bas.

942. Al. Lenoir. La Franche-Maçonnerie rendue à sa véritable origine. *Paris*, *Fournier*, 1814, grand in-4, fig. demi-rel. ch. v.

943. La Maçonnerie, poëme en trois chants (par Guerrier de Dumast). *Paris*, *Arthus Bertrand*, 1820, in-8, demi-rel. fig. v. bl.

BIBLIOTHÈQUE HÉRALDIQUE.

I. SCIENCE DU BLASON.

(Traités généraux, Devises, Tournois.)

944. Trattato de i colori nelle arme et nelle divise, di Sicillo Araldo. *Venezia*, 1595, pet. in-8, vélin.

945. Le Blason des couleurs en armes, livrées et devises (par Sicille). *Paris*, *Pierre Ménier, portier de la porte St-Victor*, 1614, pet. in-8, vélin, *Blasons*.

Septième édition et la première en caractère romain.

946. Sicille. Le Blason des couleurs en armes, livrées et devises, publié et annoté par Hippolyte Cocheris. *Paris*, *Aubry*, 1860, in-12, fig. blasons en couleur, cart.

947. Jehan Scohier. L'Estat et comportement des armes. *Bruxelles*, *J. Mommart*, 1597, in-fol. demi-rel. dos et coins de v. f.

948. — L'Estat et le comportement des armes. *Bruxelles*, 1629, in-4, bl. color. parch.

949. Hierosme de Bara. Le Blason des armoiries auquel est monstrée la manière que les anciens et modernes ont usé en icelles. *Paris*, *Rolet Boutonné*, 1628, in-fol. fig. de bl. color. à la main, demi-rel. v. m.

Dans cet exemplaire sont ajoutés, pages 100, 112 et 114, six blasons omis par le graveur.

950. Philippes Moreau. Le Tableau des armoiries de France. *Paris*, *Rolet Boutonné*, 1630, in-folio, fig. gr. cart.

951. Origine et pratique des armoiries à la gauloise, par le R. P. Philibert Monet. *Lyon*, *Cl. Landry*, 1631, in-4, v. f. (*Titre racc.*)

952. Louvan Geliot. Indice armorial, ou sommaire explication des mots usitez au blason des armoiries. *Paris, P. Billaine*, 1635, in-folio. blason, parch. (*Feuillet remonté.*)

653. La vraie et parfaite Science des armoiries, ou l'Indice armorial, par Geliot, augmentée par Pierre Palliot. *Paris, J. Guignard*, 1660, in-folio, front. fig. et blasons, v. ant.

954. Sommaire armorial, à monsieur le mareschal de Bassompierre. *Paris, P. Billaine*, 1638, pet. in-4, fig. de bl. demi-rel. v. f.

955. Vulson de la Colombière. Recueil de plusieurs pièces et figures d'armoiries. *Paris*, *Melchior Tavernier*, 1639, pet. in-folio, v. ant. blasons.

956. R. P. Marc Gilbert de Varennes. Le Roy d'armes ou l'art de bien former, charger, briser, timbrer, etc... *Paris*, *N. Buon*, 1640, gr. in-folio, v. m.

957. René Francois. Essay des merveilles de nature et des plus nobles artifices. *Paris, J. Dugast*, 1646, pet. in-8, parch.

Il y a dans ce volume un chapitre sur le blason.

958. J.-Claude Favre. Abrégé méthodique des principes de la science héraldique. *Chambéry*, *L. Du Four*, 1647, in-4, blasons, demi-rel.

959. Segoing. Mercure armorial. *Paris*, *Lesselin*, 1648, in-4, cart. *blasons*.

960. — Mercure armorial. *Paris, F. Clousier*, 1652, pet. in-4, bl. col. demi-rel.

Le frontispice et la première épître à la duchesse de Chaulnes sont de la première édition.

961. — Trésor héraldique, ou Mercure armorial. *Paris*, *F. Clouzier*, 1657, in-folio, blas. v. br.

962. Claude le Laboureur. Discours de l'origine des armes. *Lyon*, *J. Barbier*, 1658, in-4, f. v. ant.

963. Le Nouveau Armorial universel, contenant les armes et blasons des maisons nobles et illustres de France, par Segoing. *Paris*, *P. Bessin*, 1662, in-fol. pl. de blasons, v. ant.

964. César Armorial (par César de Grand Pré). *Paris*, *H. Le Gras*, 1654, in-8, pl. de bl. gr. v.

965. Promptuaire armorial et général, par J. Boisseau. *Paris*, *Gervais Clausier*, 1657, in-folio, bl. demi-rel. (*Mouillé.*)

966. R. P. Philibert Monet. L'Origine et vraye pratique de l'art du blason, avec le dictionnaire armorial. *Lyon*, *Devenet*, 1659, in-4, parch.

967. Jeu d'armoiries de l'Europe, pour apprendre le blason, par de Brianville. *Lyon*, 1659, in-12, vélin.

968. Jean Roger de Prades. Le Trophée d'armes héraldiques, ou la science du blason. *Paris*, *De la Coste*, 1659, gr. in-4. fig. parch.

969. C. Oronce Finé, dit de Brianville. Jeu d'armoiries des souverains et Estats de l'Europe, pour apprendre le blason. *Lyon*, *Coral*, 1665, in-18, v. ant.

Texte et cinquante-deux cartes à part.

970. La Méthode royale, facile et historique, du blason. *Paris*, *Ch. de Sercy*, 1671, in-12, front. et blas. grav. v. ant.

971. L'Art héraldique, contenant la manière d'apprendre facilement le blason. *Paris*, 1672, in-12, v. br.

972. André de la Roque. Traité singulier du blason, contenant les règles des armoiries. *Paris*, *Cramoisy*, 1673, in-12, v. ant.

973. La Science héraldique du blazon. *Paris*, *E.*

Loyson, 1675, in-4, fig. et bl. col. v. br. (Feuillets doublés.)

974. Du Val. Le Blason en plusieurs atlas et figures, avec des remarques et deux alphabets. *Paris*, 1677, in-12, fig. v. granit.

975. Le Leggi del blasone da Lodovico de Lespine. *Milano*, 1680, in-12, vélin.

976. Baron. L'Art héraldique, contenant la manière d'apprendre facilement le blason. *Paris*, *Ch. Osmont*, 1680, in-12, fig. de bl. grav. v.

977. Introductio ad Latinam Blasoniam (an essay to a more correct blason), authore Gibbono. *London*, 1682, in-8, v. br. *Blasons*.

978. G. Ponza. La Science de l'homme de qualité. *Turin*, 1684, in-4, parch. (*Nombreux blasons*.)

979. Trudon. Nouveau Traité de la science pratique du blason. *Paris*, *Nicolas Le Gras*, 1689, in-12, fig. et pl. de bl. gr. v. ant.

980. Nouveau Traité de la science pratique du blason. *Paris, N. Le Gras*, 1869, in-12, fig. v. ant.

981. Sturm. Thèses (en français) des principes du blason, ou de l'art héraldique. *Altdorf*, 1690, in-4, demi-rel.

Dans le même volume : De Artis heraldicæ origine et natura. *Lipsiæ*, 1699.

982. Méthode nouvelle pour apprendre l'art du blason. *Amsterdam*, *Daniel de la Feuille*, 1695, in-4, blasons, v. br.

983. Imm. Weberi Examen artis heraldicæ. *Francof. ad Mœnum*, 1696, in-12, demi-rel. v. f.

984. Thibanet Cadot. Le Blason de France, ou Notes curieuses sur l'édit concernant la police des armoiries. *Paris*, *Ch. de Sercy*, 1697, in-8, fig. de blasons grav. v. m.

985. Silvestre. Méthode courte et facile servant d'intelligence à la carte du jeu de blason. *Paris*, 1702, in-12, cart.

986. L'abbé de Dangeau. Les Principes du blason, où l'on explique toutes les règles et tous les termes de cette siance (*sic*). *Paris*, *N. Simart*, 1715, in-4, blasons, parchemin.

987. A. Playne. L'Art héraldique, contenant la manière d'apprendre facilement le blason. *Paris*, *Ch. Osmont*, 1717, in-12, blasons.

988. Koch. De Natura et indole artis heraldicæ. *Ienæ*, 1721, in-4, demi-rel.

989. Laurent Pianelli de la Valette. Abrégé nouveau et méthodique du blason. *Lyon, T. Amaulry*, 1722, in-12, cart. n. rogné. *Figures*.

990. Chevigny. La Science des personnes de la cour, de l'épée et de la robe, ouvrage augmenté par de Limiers. *Paris*, *Lottin*, 1725, 4 vol. in-12, fig. et cart. grav. v. m. (*Tableaux généalogiques*.)

991. Raymundi Duellii excerptorum genealogiæ historicorum libri II. *Lipsiæ*, 1725, in-fol. demi-rel. (*Sceaux*.)

992. Méthode facile pour apprendre le blason. *Paris*, *P. Gallays*, 1728, in-12, fig. demi-rel. 71 pl.

993. Abbé de Bellegarde. Elémens de l'histoire de France et romaine, de la géographie, de la fable et du blason. *Paris*, *Legras*, 1729, in-12, fig. cart.

Fragment de cet ouvrage comprenant le traité du blason.

994. Kurtze Einleitung zur Wappenkunst. *Saint-Petersbourg*, 1731, in-8. *Blasons*.

Les pages 141 et 189 sont cartonnées. Volume très-rare.

995. Purckhardi Ars scutaria, vulgo heraldica. *Norimbergæ*, 1733, in-8, demi-rel. v. f. *Figures*.

Poëme latin.

996. Spener. Insignium Theoria, seu operis heraldici pars generalis, specialis, et Galliæ stirpes. *Francof. ad Mœnum*, 1735, 3 vol. in-fol. demi-rel. mar.

997. La Connoissance des Pavillons ou bannières que la plupart des nations arborent en mer. *La*

Haye, J. Van den Kieboom, 1737, gr. in-4, v. m. 90 *planches coloriées.*

998. Beneton de Morange. Traité des marques nationales. *Paris, Le Mercier,* 1739, in-12, v. m.

999. Est.-Cl.-Beneton. Commentaire sur les enseignes de guerre des principales nations du monde. *Paris, Thiboust,* 1742, in-12, v. ant.

1000. D.-J. Wolffgang. Einleitung zu der Wappen Kunst. *Leipzig,* 1744, in-12 bas. *Blasons.*

1001. L. Chasot de Nantigny. Dictionnaire héraldique. *S. l.,* 1753, in-12, demi-rel. v. f.

Fragment du sixième volume des *Tablettes historiques.*

1002. J.-B. Dupuy-Demportes. Traité historique et moral du blason. *Paris, Jombert,* 1754, 2 vol. in-12, demi-rel. bas.

1003. L'Arte del Blasone dichiarata per alfabeto, dal conte Ginanni. *Venezia,* 1756, in-fol. rel. fig.

1004. L'Arte del Blasone, con le figure dal conte Ginanni. *Venezia,* 1756, in-fol. demi-rel. v. f. 35 planches de blason.

Cet ouvrage renferme un Dictionnaire comparé latin, italien et français des termes du blason.

1005. Boyer. Le Grand Théâtre de l'honneur et de la noblesse, comprenant la science du blason, en anglois et en françois. *Londres, H. Woodfall,* 1758, in-4, fig. v.

1006. (Gastelier de la Tour.) Dictionnaire héraldique. *Paris, Lacombe,* 1774, in-12, demi-rel. bas.

1007. Dictionaire héraldique, par Gastelier de La Tour. *Paris, Lacombe,* 1774, pet. in-8, v. m.

1008. Dictionnaire du Blason. *Paris,* 1789, in-4, 33 pl. de blason, demi-rel. v. f.

1009. Apendice a las obras de Juan de Arfe y Villafane. *S. d.,* in-fol. demi-rel. mar. fig.

Traité de la science héraldique détaché de *la Varia Commensuracion para la escultura y arquitectura de Juan de Arfe, Madrid,* 1806, 2 vol. in-fol.

1010. (Foulque Delanos.) Manuel héraldique, ou Clef de l'art du blason. *Limoges, Bargeas*, 1816, in-8, fig. de blason grav. demi-rel. bas.

1011. (Mme Morren.) Manuel élémentaire de l'art héraldique. *Bruxelles, Desprez-Parent*, 1840, in-12, fig. demi-rel. dos et coins de mar. bl.

1012. Cours abrégé de blason, suivi d'une notice détaillée sur les ordres de chevalerie. *Paris*, 1840, in-12, 73 fig. de blason en coul. demi-rel. ch. v.

1013. Die Heraldik oder Wappenkunst hersgg. von Pietschke. *Helmstadt*, 1841, in-12, demi-rel.

1014. Jouffroy d'Eschavannes. Armorial universel. *Paris, Curmer*, 1844, 2 vol. in-8, fig. gr. et pl. de bl. noires et en couleurs, demi-rel. ch. v. dos orné, plats en toile, tr. dor.

1015. Galeries historiques du palais de Versailles. *Paris*, 1844, 2 vol. demi-rel. v. m.

Tome VI, contenant les armoiries des chevaliers des croisades.

1016. Eysenbach. Histoire du blason et science des armoiries. *Tours, Mame*, 1848, in-8, demi-rel. ch. r.

1017. — Histoire du blason et science des armoiries. *Tours, Mame*, 1848, in-8, bl. gr. demi-rel. v.

1018. Flowers and Heraldry or floral emblems and heraldic figures combined, by Robert Tyas. *London*, 1851, in-12, cart. *Blasons coloriés.*

1019. Charles Grandmaison. Dictionnaire héraldique, contenant l'explication et les descriptions des termes et figures usités dans le blason. *Paris, Migne*, 1852, gr. in-8, demi-rel. mar. rouge.

1020. Magny (vicomte de). Le Nobiliaire universel. *Paris*, 1854-61, 7 vol. gr. in-4, blasons noirs et en couleurs, demi-rel. mar. r.

1021. Jules Pautet du Parois. Nouveau Manuel complet du blason ou code héraldique. *Paris, Roret*,

1854, in-18, 10 pl. de blasons grav. sur toile, rel. perc. dans un étui.

1022. De Magny. Nouveau Traité historique et archéologique de la vraie et parfaite science des armoiries. *Paris, Aubry*, 1856, 2 vol. in-fol. bl. color. demi-rel. ch. r.

1023. Ditiers faits et armoriés par Engherant le Franc, héraut d'armes de Valenciennes, publiés par A. Lacroix. *Mons, Masquilier*, 1856, in-8, demi-rel. v. r. *Blasons.*

Tiré à deux cents exemplaires.

1024. Quesneville. La Clef du blason, ouvrage élémentaire avec figures d'après la méthode du Père Menestrier. *Paris, Dumoulin,* 1857, in-8, demi-rel. v. r.

1025. Oscar de Watteville. Résumé des principes généraux de la science héraldique. *Paris, F. Didot,* 1857, in-12, fig. de bl. demi-rel. ch. bl.

1026. F. Portal. Des Couleurs symboliques dans l'antiquité, le moyen âge, etc. *Paris, Treuttel et Würtz*, 1857, in-8, demi-rel. v. v.

1027. Magny (vicomte de). La Science du blason, accompagnée d'un armorial général des familles nobles de l'Europe. *Paris, Aubry*, 1858, gr. in-8, *blasons*, demi-rel. ch. bl.

1028. Douet d'Arcq. Un traité de blason du XVe siècle. *Paris, Leleux,* 1858, in-8, demi-rel. dos et coins de v. bl.

1029. T. de Toulgoët. Noblesse, blason, ordres de chevalerie, manuel héraldique. *Paris, Dentu*, 1859, in-8, demi-rel. dos et coins de ch. bl. n. rogn.

1030. W. Maigne. Abrégé méthodique de la science des armoiries. *Paris, Garnier*, 1860, in-12, demi-rel. dos et coins de ch. bl. *fig.*

1031. Livre du blazon, contenant une ample explication des métaux et couleurs avec leurs significations. *Paris, Vaneck, s. d.*, pet. in-8, fig. demi-rel. v. gr.

1032. Livre du blazon, contenant une ample explication des métaux et couleurs avec leurs significations. *Paris*, *Vaneck*, pet. in-8, demi-rel. v. f. (*Blasons gravés.*)

1033. Art du Blason. Exemples classés. Environ 100 pièces dans un carton.

1034. Allou. Etudes sur les armes et armures du moyen âge (suite). In-8, 5 pl. de fig. gr. demi-rel. v. (*Sur les Boucliers-Ecus.*)

1035. H. Gourdon de Genouillac. Grammaire héraldique. *Paris*, *Dentu*, *s. d.*, in-12, demi-rel. *Blasons.*

1036. Dictionnaire du blason. *Paris*, *Panckouke*, *s. d.*, in-4, demi-rel. mar. n. rog. 33 planches.

1037. (Gauthier.) Jeu d'armoiries, où tous les termes du blason sont expliqués et rangés par ordre, dédié au duc de Bourgogne. *Paris*, *Vallet*, *s. d.*, in-16, v. br. (*Volume gravé.*)

1038. Blasons en partie coloriés. *Manuscrit* in-fol. demi-rel. v. rose, 25 feuilles.

1039. C. Manelot. Nouveaux Livres des différens cartouches, couronnes, casques, supports et tenans. *Paris, Manelot, s. d.*, in-4 obl. 43 planch. grav. v.

1040. Traité du blason. *Manuscrit* du XVIIe siècle, 97 pages, pet. in-4, pl. d'armoiries dessinées à la plume, v. ant.

Cet ouvrage paraît inédit.

1041. Rietstap. Armorial général d'Europe, précédé d'un dictionnaire des termes du blason. *Gouda*, *V. Goor*, 1861, gr. in-8, demi-rel. ch. r.

1042. V. Bouton. Nouveau Traité du blason. *Paris*, *Garnier*, 1863, in-12, 460 blasons, demi-rel. ch. rouge.

1043. Corneille Gailliard. Le Blason des armes, suivi de l'Armorial des villes, seigneuries et familles de l'ancien comté de Flandre, publié par J. van Malderghe. *Bruxelles*, *Vanderauwera*, 1866, in-4, blas. col. demi-rel. mar. or.

1044. J. Chifflet. Lilium Francicum veritate historica et heraldica illustratum. *Antuerp.*, 1658, in-fol. vélin.

1045. Jean Tristan. Traité du Lys, symbole divin. *Paris*, 1656, in-4, vél. (*Fleurdelisé.*)

Les planches manquent. Réponse à l'ouvrage de Chifflet : *De Insignibus regum francorum.*

1046. J. Ferrandi S. J. Epinicium pro Liliis, sive pro aureis Franciæ liliis. *Lugd.*, 1663, in-4, vél.

1047. De Sainte-Marthe. Traité historique des armes de France et de Navarre et de leur origine. *Paris*, *Roulland*, 1673, in-12, cart. blasons. (*Piqûres.*)

1048. — Traité historique des armes de France et de Navarre et de leur origine. *Paris*, 1673, in-12, v. br.

1049. Auguste Galland. Traité historique et très-curieux des anciennes enseignes et étendards de France. *Paris*, *Lamy*, 1782, in-12, demi-rel. cart.

1050. Dufrène (l'abbé). Le Lis français, ou recherches sur les lis, armoiries de France. *St-Jean-d'Angély*, 1815, in-12, demi-rel.

1051. Adalbert de Beaumont. Recherches sur l'origine du blason, et en particulier sur la fleur de lis. *Paris*, *Leleux*, 1853, in-8, demi-rel. bas. 22 planches.

1052. Rey. Histoire du Drapeau, des couleurs et des insignes de la monarchie française. *Paris*, *Techener*, 1837, 2 vol. pet. in-8, blasons, demi-rel. mar. bl.

1053. Armes de souverains, de royaumes et de villes. — 150 pièces dans un carton.

1054. Art héraldique, gravures, etc. Varia. — Environ 300 pièces en un carton in-fol.

1055. Recueil de blasons coloriés, découpés et collés sur un album in-4. Environ 2000 fig. d'armoiries.

1056. Planches d'armoiries coloriées, tirées de différents ouvrages, en un carton in-4.

1057. Planches diverses de blasons. Environ 100 planches dans un carton.

1058. La Devise des armes du Chevalier de la Table ronde qui étaient du temps du vertueux Artus, roy de la Grande-Bretagne, avec la description de leurs armoiries. *A Paris, rue St-Jacques, s. d.*, in-16, v. *Blasons coloriés.*

1059. Dialogue des devises d'armes et d'amours du s. Paulo Jovio, trad. d'italien par le s. Philieul. *Lyon, Guill. Roville,* 1561, in-4, vélin. *Figures d'emblèmes.*

Exemplaire portant les signatures de Papillon et de Guichenon, mais incomplet de la fin du volume.

1060. Adrian d'Amboise. Devises royales. *Paris, Rolet,* 1621, in-12, front. et fig. grav. demi-rel. dos et coins de m. bl.

1061. Henry Estienne. L'Art de faire les devises, avec un traicté des rencontres ou mots plaisants. *Paris, J. Paslé,* 1645, in-12, parch. *Piqûres.*

1062. Cinquante Devises pour monseigneur Colbert. *Lyon, Jacques Canier,* 1683, in-4, fig. demi-rel. v. f.

Attribué par Guigard au père Menestrier.

1063. Livres de devises faites sur divers sujets. *Paris,* 1687, pet. in-4, 48 pl. gr. v.

1064. De Combles. Traité des devises héraldiques. *Paris,* 1783, in-12, v. m.

1065. Comte de Cohen. Cris de guerre et devises des Etats de l'Europe, des provinces et villes de

France. *Paris, Simon d'Autreville*, 1852, in-12, mar. vert. fil. tr. dor.

Exemplaire de Sauvageot.

1066. N. de Saint-Epain. L'Art de composer les livrées au milieu du XIXe siècle. *Paris*, 1853, in-12, fig. demi-rel. v. v.

1067. Georgii Schubarti de Ludis equestribus. *Halæ Magdeburg.*, 1725, in-4, demi-rel.

1068. G.-A. Crapelet. Cérémonies des gages de bataille selon les constitutions du bon roi Philippe de France, publ. d'après le manuscrit de la Bibl. du roi. *Paris, Crapelet*, 1830, gr. in-8, fig. cart.

1069. H. Piers. Tournois. 1834, in-8, fig. demi-rel. dos et coins de v. gr. (*Extrait.*)

1070. L. de Rosny. Des Nobles Rois de l'Epinette. *Paris*, 1839, gr. in-8, fig. et blasons, demi-rel. v.

Description des tournois célébrés à Lille.

2. ORDRES DE CHEVALERIE.

1071. Sansovino. Origine de' Cavalieri. *Venetia*, 1566, in-12, cart.

1072. André Favyn. Le Théâtre d'honneur et de chevalerie, ou l'histoire des ordres militaires, des roys et princes de la chrestienté, avec les figures en taille-douce. *Paris, Robert Fouet*, 1820, 2 vol. gr. in-4, parch. (*Piqûres.*)

1073. — Le Théâtre d'honneur et de chevalerie. *Paris*, 1620, in-4, vélin.

1074. Origines equestrium sive militarium ordinum, libri II. *Coloniæ Agrippinæ*, 1638, pet. in-8, v. br.

1075. W. Maigne. Dictionnaire encyclopédique des ordres de chevalerie. *Paris, A. Delahays*, 1861, in-12, demi-rel. ch. r.

1076. Hermant. Histoire des religions ou ordres militaires de l'Église et des ordres de chevalerie. *Paris*, *Guignard*, 1698, in-12, v. blasons.

1077. A. Schoonebeck. Histoire de tous les ordres militaires ou de chevalerie, avec leurs devises gravées en cuivre. *Amsterdam*, *Desbordes*, 1699, 2 vol. in-12, fig. v. ant.

1078. Dissertation historique sur les duels et les ordres de chevalerie, par B. (Basnage). *Amsterdam*, *P. Brunel*, 1720, in-12, v. m. all. tr. d. (*Rare.*)

1079. Liste des ordres de chevalerie, trad. en all. de Bonanni. *Nuremberg*, 1720, in-4, vélin. *Fig.*

1080. Vicomte de Gabrielly. La France chevaleresque et chapitrale, ou Précis de tous les ordres. *Paris*, *Leroy*, 1786, in-12, v. m.

1081. Dambreville. Abrégé chronologique de l'histoire des ordres de chevalerie. *Paris*, *Hacquart*, 1807, gr. in-8, fig. et bl. gr. demi-rel. v. ant. n. rogn.

1082. J. Lablée. Tableau des ordres de chevalerie. *Paris*, *Colas*, 1807, in-12, demi-rel. dos et coins de v. r.

1083. Recherches historiques sur les dignités et leurs marques distinctives chez les peuples anciens et modernes. *Paris*, *Collin*, 1808, in-8, demi-rel. dos et coins de v. r.

1084. Code des ordres de chevalerie du royaume, dédié au roi. *Paris*, *Belin-Prieur*, 1819, gr. in-4, demi-rel. bas.

1085. L'abbé Roux. Histoire des trois ordres réguliers et militaires des Templiers. *Paris*, *Lottin*, 1725, 2 vol. in-12, v. f.

1086. Almanach des Templiers. *Paris*, *Gauthier*, 1806, in-12, fig. gr. demi-rel. ch. r.

1087. Manuel des chevaliers de l'ordre du Temple. *Paris*, *Guyot*, 1825, in-18, demi-rel. m.

1088. Histoire curieuse de la démission d'un grand chancelier de l'ordre du Temple en 1836. *Ex typis militiæ Templi*, 1837. — Lettre faisant suite à l'histoire curieuse. — 2 p. en 1 v. in-8, demi-rel. mar.

1089. J. Chifflet. Insignia gentilitia... Le Blason des armoiries de tous les chevaliers de l'ordre de la Toison d'or. *Anvers*, 1632, in-4, vélin.

1090. J.-B. Maurice. Le Blason des armoiries de tous les chevaliers de l'ordre de la Toison d'or. *La Haye, J. Rammazeyn*, 1667, in-folio, front. et blasons gravés, v.

1091. Le Blason des armoiries de tous les chevaliers de la Toison d'or, depuis la première inst. jusqu'à présent, par J.-Bapt. Maurice. *La Haye*, 1667, in-fol. *Blasons*.

Transpositions. Cet exemplaire offre des différences avec les autres exemplaires.

1092. Le Mausolée de la Toison d'or, ou les tombeaux des chevaliers du noble ordre de la Toison d'or. *Amsterdam, H. Desbordes*, 1689, pet. in-8, v. ant.

1093. Dissertatio de origine ordinis Aurei Velleris, auth. Weis. *Vitembergæ*, 1730, in-4, demi-rel.

1094. Recueil factice d'armoiries des chevaliers du St-Esprit. Gr. in-4, blasons, v. ant.

1095. D'Hozier. Les noms, surnoms, qualitez, armes des chevaliers de l'ordre du St-Esprit creez par Louis XIII. *Paris*, 1633, in-fol. blasons, v. f. (*Court de marges*.)

1096. De La Pointe. Créations des chevaliers de l'ordre du St-Esprit, faits par Louis-le-Grand. *Paris*, 1689, gr. in-4, blasons, v. ant.

1097. Les Statuts et ordonnances de l'ordre du benoît Saint-Esprit. *Paris, J. Jombert*, 1689. — Recherches sur l'ordre du Saint-Esprit, 1710. — 4 parties en 2 vol. in-12, v.

Le titre du tome III est refait à la plume.

1098. Les Statuts de l'ordre du Saint-Esprit, estably par Henri IIIme du nom, roy de France et de Pologne. *Paris, Impr. roy.*, 1703, gr. in-4, mar. r. dos et pl. orn. tr. dor. (*Rel. anc.*)

Très-bel exemplaire.

1099. Duchesne. Recherches historiques de l'ordre du Saint-Esprit. *Paris, Cl. Jombert*, 1710, 3 tom. en 2 vol. in-12, v. ant.

1100. Statuts et catalogues des chevaliers, commandeurs et officiers de l'ordre du Saint-Esprit. *S. l.*, 1733, in-folio, blasons, v. m.

1101. L'Office des chevaliers de l'ordre du St-Esprit. *Impr. roy.*, 1740, in-12, mar. r. fil. tr. dor. (*Anc. rel.*)

1102. Nouvel Office pour les chevaliers de l'ordre du Saint-Esprit. *Paris, Impr. royale*, 1768, pet. in-8, veau.

1103. Nouvel Office pour les chevaliers de l'ordre du Saint-Esprit. *Impr. roy.*, 1768, in-12, front. v. f. fil. tr. dor.

1104. Catalogue des chevaliers, commandeurs et officiers de l'ordre du St-Esprit. *Paris, Ballard*, 1760, in-folio, papier fort, blasons, v. ant. (*Armoiries.*)

1105. L'Office des chevaliers de l'ordre du St-Esprit. *Impr. roy.*, 1763, mar. r. fil. tr. dor.

1106. De Sainte-Foix. Histoire de l'ordre du Saint-Esprit. *Paris, Pissot*, 1775, 2 vol. in-12, v. m.

1107. Mathieu de Goussancourt. Le Martyrologe des chevaliers de St-Jean de Jérusalem dits de Malte. *Paris, F. Noel*, 1643, 2 tomes en 1 vol. in-folio, blasons, v. m.

1108. Regla de la Orden y cavalleria de Santiago de la Espada. *En Anveres*, 1598, in-8. v. br.

1109. De Ordine Equitum S. Georgii in Angliâ disputatio, auth. de Winzingerode. *Ienæ*, 1683, in-4, demi-rel.

1110. Chazot. De la Gloire de l'Aigle, emblème, symbole, décoration, etc. *Paris, Clament*, 1809, pet. in-8, demi-rel.

1111. Perréau. Recherches historiques et numismatiques sur la grande commanderie de l'ordre teutonique de Vieux-Joncs, par A. Perréau. *Bruxelles*, 1848, in-8, demi-rel. ch. v.

1112. Des Koeniglich Baierisch militar. Hohen S. Georgii Ritter Ordens Wappencalender. 1824, in-12, blasons, cart.

1113. Bannières de la fédération. In-fol. obl. pl. coloriées.

1114. Etat général de la Légion d'honneur depuis son origine. *Paris, Testu*, 1814, 2 vol. in-8, demi-rel. mar. bl.

3. HISTOIRE DE LA NOBLESSE ET DE LA FÉODALITÉ.

1115. Clarissimi viri Malleoli, vulgo Hemmerlein, de nobilitate dialogus et varia opuscula. *S. l. n. a.*, 2 vol. in-fol. goth. cartonnés.

1116. Nobilitatis fertilis et perutilis Tractatus per Doct. Bonum de Curtili, Brixiensem. (*Ad finem :*) *Lugduni, Johannes David, dictus la Mouche*, 1528, pet. in-4, goth. à 2 col. 54 ff. et 6 f. de table, mar. r. tr. dor. (*Duru.*)

Exemplaire rempli de témoins.

1117. F. de l'Aloüete. Traité des nobles et des vertus dont ils sont formés. *Paris, Robert le Manier*, 1577, pet. in-4, parch. (*Très-court de marge.*)

Dans le même volume se trouve : Des Estats et Maisons plus illustres de la chrestienté. *Paris*, 1549, in-4.

1118. Torquato Tasso. Dialogue de la noblesse, trad. de l'italien par de la Boderie. *Paris, A.*

L'Angelier, 1584, pet. in-8, demi-rel. (*Titre doublé.*)

1119. — De la Noblesse (trad. par J. Baudouin). *Paris, A. Courbé*, 1633, pet. in-8, v. ant.

1120. Reimmanni de Libris genealogicis commentatio. *Lipsiæ, s. a.*, pet. in-8, vél.

1121. F. de Thierriat. Trois Traictez, savoir : 1° de la noblesse de race ; 2° de la noblesse civile ; 3° des immunitez des ignobles. *Paris, Lucas Bruneau*, 1606, pet. in-8, parch.

1122. Lazare (Claude Malingre). Histoire des dignitez honoraires de France. *Paris, Cardin Besongne*, 1635, pet. in-8, demi-rel. ch. r.

1123. Vulson de la Colombière. La Science héroïque, traitant de la noblesse, de l'origine des armes. *Paris, S. Cramoisy*, 1644, gr. in-fol. demi-rel. cart. *Blasons.*

Édition originale.

1124. — La Science héroïque, traitant de la noblesse et de l'origine des armes. *Paris, Sebastien Cramoisy*, in-fol. front. et blasons, demi-rel. v. f. (*Piqûre.*)

1125. — Le Vray Théâtre d'honneur et de chevalerie. *Paris, A. Courbé*, 1648, 2 vol. gr. in-folio, fig. et blasons, v. f.

1126. De La Roque. Traité du ban et de l'arrière-ban, de son origine et de ses convocations anc. et nouvelles. *Paris, Michel Le Petit*, 1676, in-12, v. m.

1127. Herman-François de Malte. Les Nobles dans les tribunaux, enrichi de plusieurs curiosités de l'histoire et du blason. *Liége, Guillaume H. Streel*, 1680, in-fol. v.

1128. Abbrégé des trois États, du clergé, de la noblesse et du tiers-état. *Paris, S. Cramoisy*, 1682, in-12, v. ant.

1129. (Alex. Belleguise.) Traité de la noblesse et de son origine. *Paris, J. Morel*, 1700, in-12, v.

1130. F. Bertrand, seigneur de Fréauville. Les Prérogatives de la robe. *Paris, J. Le Febvre*, 1701, in-12, v. f.

1131. Traité de la noblesse, par André de la Roque. *Rouen*, 1710, in-4, v. br.

1132. R. P. Honoré de Ste-Marie. Dissertations historiques et critiques sur la chevalerie. *Paris, Giffart*, 1718, pet. in-4, demi-rel.

1133. — Dissertations historiques et critiques sur la chevalerie, avec des notes. *Paris, Chiffart*, 1729, in-4, v. ant. (*Taché.*)

1134. Ger.-Ant. Guyot. Institutes féodales, ou manuel des fiefs et censives et droits en dependans. *Paris, Saugrain*, 1753, in-12, v. m.

1135. De Ste-Foix, chevalier d'Arcq. La Noblesse militante, 1756. — L'abbé Coyer. La Noblesse commerçante. *Londres, Duchesne*, 1756. — Le Commerce ennobli. *Bruxelles*, 1756, 3 part. en 1 vol. in-12, v. m.

1136. L'Ordene de chevalerie, publié par Barbazan. *Paris, Chaubert*, 1759, in-12, front. v. m.

1137. Brunet. Abrégé chronologique des grands fiefs de la couronne de France. *Paris, Desaint*, 1759, pet. in-8, v. m.

1138. Code des Terriers, ou principes sur les matières féodales. *Paris, Prault*, 1761, in-12, v. m.

1139. (Gibert.) Mémoires sur les rangs et les honneurs de la cour (*Sans titre*). In-8, demi-rel. v. v.

1140. Mignot de Bussy. Lettres sur l'origine de la noblesse française. *Lyon, J. de Ville*, 1763, pet. in-8, demi-rel. bas.

1141. (Le vicomte Alès de Corbet.) Origine de la noblesse française. *Paris, G. Desprez*, 1766, in-12, demi-rel. v. f. n. rogn.

1142. Zemganno. Les Quatre Ages de la pairie de France. *Maestricht, J.-E. Dufour*, 1775, 2 tom. en 1 vol. in-8, v. m.

1143. (Le vicomte G. de Toustain-Richebourg.) Précis historique sur la noblesse française. *Amsterdam, M.-M. Rey*, 1777, in-12, demi-rel. dos et coins de v. v. n. rogn.

1144. Recueil chronologique de tous les placards, édits, décrets, règlemens, ordonnances, instructions et traités concernant les titres et marques de noblesse. *Bruxelles, J. Ermens*, 1785, 2 tom. en 1 vol. pet. in-8, demi-rel.

1145. Maugard. Code de la noblesse, ou recueil de loix et de monumens pour servir de preuves au traité hist. de la noblesse française. *Paris, Cailleau*, 1789, demi-rel. v. v.

Tome Ier, seul paru.

1146. J.-A. Dulaure. Histoire critique de la noblesse. *Paris, Guillot*, 1790, in-8, demi-rel. v. v.

1147. De Bévy. Histoire de la noblesse héréditaire et successive des Gaulois et autres peuples de l'Europe. *Liége, Dumoulin*, 1791, gr. in-4, demi-rel. v. f.

Tome Ier, seul paru.

1148. Etrennes de la noblesse, ou précis historique et critique sur l'origine des ci-devant nobles. *Paris, J. Thomas, an III*, in-12, demi-rel. ch. r. *fig. en couleur.*

1149. Vrai Miroir de la noblesse ; regardez-y, bourgeois. *S. l. n. d.* (1791), in-8, 61 pages, demi-rel.

1150. Statuts, décrets impériaux, relatifs à l'établissement des titres héréditaires. 1810, in-8, mar. r. fil. tr. dor.

1151. Gassier. Histoire de la Chevalerie française. *Paris, J. Mathiot*, 1814, in-8, demi-rel.

1152. A.-L. de Laigue. Les Familles françaises considérées sous le rapport de leurs prérogatives honorifiques, héréditaires, ou recherches sur l'origine de la noblesse. *Paris*, *Petit*, 1815, in-8, cart.

1153. Vues d'un Français sur les preuves de noblesse. *Paris*, *A. Le Clère*, 1816, in-8, demi-rel. ch. r. n. rogn.

1154. Mme de Genlis. Dictionnaire critique et raisonné des étiquettes de la cour. *Paris*, *Mongie*, 1818, 2 vol. in-8, demi-rel. v. v.

1155. J.-A. Collin de Plancy. Dictionnaire féodal. Seconde édition. *Paris*, 1820, 2 tomes en 1 vol. in-8, bas.

1156. Grégoire. De la Noblesse de la peau, ou du préjugé des blancs contre la couleur des Africains et de leurs descendants. *Paris*, *Baudouin*, 1826, in-8, demi-rel. ch. n.

1157. Lainé. Archives généalogiques et historiques de la noblesse de France. *Paris*, 1828, in-8, br.

Tome Ier.

1158. La Curne de Sainte-Palaye. Mémoires sur l'ancienne chevalerie, avec des notes par Ch. Nodier. *Paris*, *Delongchamps*, 1829, 2 vol. in-8, demi-rel. ch. r.

1159. Comte de Châteauvillard. Essai sur le duel. *Paris*, *Proux*, 1836, in-8, demi-rel. v. rose.

1160. P. Lacroix. Réfutation du pamphlet de Dulaure, intitulé Liste des ci-devant nobles. *Paris*, *Techener*, 1841, in-8, demi-rel. v. r.

Tiré à cinquante exemplaires.

1161. Der Rittersaal, artistisch erlaütert von Fr. Martin von Reibisch. *Stuttgart*, 1842, in-4, obl., 62 *planches coloriées représentant les armes et les costumes du moyen âge*.

1162. E.-J. Delécluze. Roland, ou la Chevalerie. *Paris*, *J. Labitte*, 1845, 2 tom. en 1 vol. gr. in-8, demi-rel. v. f. n. rogn.

1163. P. Roger. La Noblesse de France aux croisades. *Paris*, *Derache*, 1845, gr. in-8, fig. demi-rel. ch. n.

1164. Perrot. Collection historique des ordres de chevalerie civils et militaires. *Paris*, *Aillaud*, 1846, gr. in-4, fig. coloriées, demi-rel. m. br.

1165. Gragnon-Lacoste. Manuel généalogique, ou manière de calculer les degrés de parenté. *Paris*, *Videcoq*, 1849, in-8, demi-rel. v. bl.

1166. Lainé. Archives généalogiques et historiques de la noblesse de France. *Paris*, 1828-1850, 11 vol. in-8, demi-rel. mar. r.

1167. La Noblesse de France, par Cohen de Vinkenhoef. *Paris, Dumoulin*, 1855, gr. in-8, demi-rel. ch. v.

1168. Alph. Chassant. Les Nobles et les Vilains du temps passé. *Paris, Aubry*, 1857, in-12, papier vergé, fig. demi-rel. ch. r. n. rogn.

1169. E. de Barthélemy. La Noblesse en France, avant et depuis 1789. *Paris*, 1858, in-12, demi-rel. v. f.

1170. E. Hamel. Les Principes de 1789 et les titres de noblesse. *Paris, Ledoyen*, 1858, in-12, demi-rel. dos et coins de v. f.

1171. L. Alvin. Grandes Armoiries du duc Charles de Bourgogne, gravées vers 1467. *Bruxelles*, *Hayer*, 1859, pet. in-8, fig. demi-rel. ch. bl.

1172. Pol de Courcy. De la Noblesse et de l'application de la loi contre les usurpations nobiliaires. *Paris, Aubry*, 1859, in-12, demi-rel. v. bl.

1173. Lémainville (comte de). Code de la noblesse française. *Paris*, 1860, in-8, demi-rel. ch. v.

1174. De la Noblesse française en 1861, par un maire de village. *Paris, Lahure,* 1861, in-8, demi-rel. v. fauve.

1175. Anatole de Barthélemy. Recherches sur la noblesse maternelle. *Paris*, *Aubry*, 1861, in-8, demi-rel. v. f.

1176. La Particule nobiliaire. *Paris*, *Ledoyen*, 1861, in-8, demi-rel. v. v.

1177. De la Procédure en matière nobiliaire devant le consul du sceau des titres. *Paris*, *Dentu*, 1861, in-12, demi-rel. v. f.

1178. H. Beaune. Des Distinctions honorifiques et de la particule. *Paris*, *Muffat*, 1862, pet. in-8, demi-rel. v. f.

1179. Réorganisation de la noblesse. *Paris*, *Dentu*, 1862, in-12, demi-rel. v. bl.

1180. H. Gourdon de Genouillac. Dictionnaire des fiefs de l'ancienne France. *Paris*, *Dentu*, 1862, pet. in-8, demi-rel. ch. r.

1181. Batjin. Histoire complète de la noblesse de France, depuis 1789 jusque vers l'année 1862. *Paris*, *Dentu*, 1862, in-8, demi-rel. ch. v.

1182. C. Beautemps-Beaupré. Du Droit des propriétaires de fief. *Paris*, *Durand*, 1863, in-8, demi-rel. v. r.

1183. Louis de la Roque et E. de Barthélemy. Catalogue des certificats de noblesse délivrés par Chérin. *Paris*, *Dentu*, 1864, gr. in-8, demi-rel. v. rose.

1184. Etat présent de la noblesse française. *Paris*, *Bachelin-Deflorenne*, gr. in-8, demi-rel. ch. bl.

1185. Catalogue des gentilshommes en 1789 et des familles anoblies ou titrées depuis le premier empire jusqu'à nos jours, publié par L. de Laroque et Ed. de Barthélemy. *Paris*, *Dentu*, 1866, 2 vol. gr. in-8, demi-rel. v. bl.

1186. Ladevèze (le comte de). La France féodale. *Paris*, *Garnier*, 1866, in-8, demi-rel. mar. bl.

1187. A. Levesque. Le Droit nobiliaire français au XIXe siècle. *Paris, Plon*, 1866, in-8, demi-rel. v. vert.

1188. Brillat de Savarin. Essai historique et critique sur le duel. *Paris, Caille et Ravier*, 1819, in-8, demi-rel. bas.

1189. Ch. Bataillard. Du Duel, suivi du combat et duel des seigneurs de la Chasteneraye et de Jarnac, raconté par M. Scipion Dupleix. *Paris, Lecointe*, 1829, in-12, demi-rel. ch. n.

4. CHRONOLOGIE. — JOURNAUX. — CORPORATIONS.

1190. (L'abbé J. Destrées.) Mémorial de chronologie généalogique et historique. *Paris, Ballard*, 1753, in-18, v. m.

1191. Recueil de divers articles extraits du mémorial historique de la noblesse. *S. l. n. d.*, gr. in-8, demi-rel. bas.

1192. (De La Chenaye-Desbois.) Calendrier des princes et de la noblesse de France. *Paris, veuve Duchesne*, 1768, in-12, v. m.

1193. M. de Magny. Archives nobiliaires universelles. *Paris*, 1843, gr. in-8, fig. et pl. de bl. en couleurs, demi-rel. ch. r.

1194. Borel d'Hauterive. Annuaire de la noblesse de France. *Paris, Dentu*, 1843-68, 27 vol. in-12, blasons gravés, demi-rel. v. r.

1195. Ch. Ouin-Lacroix. Histoire des anciennes corporations d'arts et métiers et des confréries religieuses de Rouen. *Rouen, Lecointe*, 1850, gr. in-8, fig. demi-rel. ch. marron.

1196. F. de Vigne. Recherches historiques sur les costumes civils et militaires des gildes et des corporations de métiers. *Gand, Gyselynck, s. d.*, gr. in-8, 35 pl. n. et col. demi-rel. v. gr.

5. MAISON ROYALE ET IMPÉRIALE DE FRANCE. GRANDS OFFICIERS DE LA COURONNE.

1197. Jacques de Lamotte, seigneur de Huppigny. Le Blason des célestes et très-chrestiennes armes de France. *Rouen*, 1549, in-16, fig. sur bois, parchemin.

Volume très-rare, mais incomplet de huit feuillets.

1198. Claude Paradin. Alliances généalogiques des rois et princes de Gaule. *Lion*, *J. de Tournes*, 1561, in-folio, blasons, maroquin noir, tr. dor. (*Rel. anc.*)

1199. CHEVILLARD. Le Grand Armorial de France.— Tableau de l'honneur, ou abrégé de la science du blason. — Papes et cardinaux. — La France chrétienne. — Grands maîtres de Malthe. — Généalogies des rois, reines, ducs et pairs de France. — Chronologie du duché de Bar. — Maréchaux de France. — Grands amiraux. — L'Ordre du Saint-Esprit. — La Cour des aides. — Prévosts de la ville de Paris, etc. — Ensemble 40 planches en 1 vol. gr. in-fol. br.

Recueil rare.

1200. Généalogies des rois et princes de France. *S. l. n. d.*, in-4, v. blasons coloriés.

1201. J. de Texère. Explication de la généalogie du très-invincible et très-puissant monarque Henry IV, trad. du latin par C. de Heris. *Paris*, *Gilles Beys*, 1595, pet. in-4. parch.

1202. Philippe Moreau. Le Tableau des armoiries de France. *Paris*, *Robert Fouet*, 1609, in-12, demi-rel., dos et coins de m. r.

1203. A. de Laval. Desseins de professions nobles et publiques, comprenant l'histoire de la maison de Bourbon. *Paris*, *A. L'Angelier*, 1612, in-4, demi-rel. cart. (*Incomplet de* 3 *feuillets*.)

1204. Saint-Lazare (Cl. Malingre). Histoire des dignitez honoraires de France. *Paris, Cardin Besongne*, 1635, pet. in-8, v. f.

1205. Genealogiæ Francicæ plenior Assertio, a J. Chiffletio. *Amst.*, 1654, 2 p. en 1 vol. in-fol. vélin.

1206. J. Chifflet. Anastasis Chiderici I, Francorum regis, sive thesaurus sepulchralis Tornaci Nerv. nuper effossus. *Antuerp.*, 1655, in-4, vél. fig.

1207. R. P. Philippe Labbe. Tableaux généalogiques de la maison royale de France et des six pairies laïques. *Paris, G. Meturas*, 1664, in-12, v. ant.

1208. Le P. Anselme. Histoire de la maison royale de France, et des grands officiers de la couronne. *Paris, E. Loyson*, 1674, 2 t. en 1 vol., gr. in-4, pl. de blasons, v.

1209. Tableaux généalogiques, ou les seize quartiers de nos rois, depuis saint Louis, par le Laboureur, avec un traité de l'usage des quartiers, par Menestrier. *Paris, François Coustelier*, 1683, in-fol. v. *figures*.

Il manque la table de la première partie et deux grandes gravures.

1210. (Pelisseri.) Histoire de l'origine de la Royauté et du premier établissement de la grandeur royale. *Paris, Charles de Sercy*, 1684, in-12, v. br. *figures*.

1211. (De Gueulette.) Abrégé de l'Histoire généalogique de la maison de France. *Paris, P. de Launay*, 1699, in-12, v. ant.

1212. P. Anselme. Histoire généalogique et chronologique de la maison royale de France, des pairs et des grands officiers de la couronne. *Paris*, 1726, 9 vol. in-folio, front. et blasons gravés, ant.

1213. Recueil de mémoires et de dissertations qui

établissent que c'est par erreur et un mauvais usage que l'on nomme l'auguste maison qui règne en France : la maison de Bourbon. *Amsterdam, Musier*, 1769, in-12, v. m.

Avec l'addition. Rare aussi complet.

1214. G. Peignot. De la Maison royale de France. *Paris, Renouard*, 1815, in-8, demi-rel. bas.

Dans le même volume : Précis chronologique du règne de Louis XVIII, par le même. 1816.

1215. Calendrier de la Cour pour 1824. *Paris, Pélicier*, in-18. m. r. tr. dor.

1216. Amédée Renée. Les Princes militaires de la maison de France. *Paris, Amyot, s. d.*, blasons, gr. in-8, demi-rel. v. v.

1217. Registre des serments, formule des serments prêtés par les grands officiers de la couronne, in-4, mar. r. (*anc. rel.*)

Manuscrit du XVIIe siècle.

1218. André Favyn. Traictez des premiers officiers de la couronne de France. *Paris, Fleury Bourriquant*, 1613, p. in-8, parch.

1219. Jean le Féron. Les Armoiries des connestables, grands maistres, chanceliers, etc., de France ; revu et corrigé par Cl. Morel, *Paris, Charles Morel*, 1628, in-folio, front. et blasons en couleur, v. gr. fil. tr. r.

1220. — Les Armoiries des connestables, chanceliers, amiraux, etc., de France. *Paris, Ch. Morel*, 1628, in-folio, fig., v. ant.

1221. Gallia purpurata , qua omnium Galliæ cardinalium res gestæ continentur, opera et stud. Petr. Frizon. *Lut. Par.*, 1638, in-fol. vélin. *Blasons.*

1222. J.-B. de l'Hermite-Souliers. Les Eloges de tous les premiers Présidents. *Paris, Cardin-Besongne*, 1645, in-folio, blasons, v.

1223. Fauvelet-du-Toc. Histoire des secrétaires d'Estat. *Paris*, *Ch. de Sercy*, 1668, gr. in-4. pl. de blasons, v.

1224. Les Généalogies des maistres des requestes ordinaires de l'hôtel du roy. *Paris*, *J. Le Gras*, 1670, in-folio, front. et blasons gravés, v. ant.

1225. François Duchesne. Histoire des chanceliers et gardes des sceaux de France, distingués par les règnes de nos monarques. *Paris*, 1680, in-folio, v. ant.

1226. J. de La Baune. Augustissimi senatus Galliarum Panegyricus. *Parisiis*, *Gabr. Martin*, 1685, in-4, v. br.

Dans le même volume : Explication de l'appareil pour la harangue prononcée en l'honneur du Parlement de Paris. (*Avec les blasons.*) — Discours prononcez à l'Académie françoise, le 2 janvier 1685.

1227. J. Chevillard. La France chrétienne, ou état des archevêchés, évêchés, etc., de France. *Paris*, *Chevillard*, *s. d.* (1693), in-4, blasons gravés, v. ant.

1228. — Nos Seigneurs les ducs-pairs de France, et autres ducs vivans. *Paris*, 1711, in-folio, blasons, v. ant.

Planches remontées sur cent quarante-neuf pages in-fol.

1229. — Dictionnaire héraldique, contenant les armes et blasons des princes, prélats, grands officiers de la couronne. *Paris*, 1723, in-12, v. ant.

1230. — Armorial de la généralité de Paris. In-folio bl. gr. demi-rel. v. r.

1231. Abr. Tessereau. Histoire chronologique de la grande chancellerie de France. *Paris*, *P. Emery*, 1710, 2 vol. in-fol. v. m.

1232. (Le Laboureur.) Histoire de la Pairie de France et du Parlement de Paris. *Londres*, *S. Harding*, 1745, 2 t. en 1 vol. pet. in-8, fig. v. f.

1233. Gouverneurs, lieutenants de roy, prévôts des marchands, échevins, procureurs, avocats du roy, greffiers, receveurs, conseillers et quarteniers de la ville de Paris, blasons gravés par Beaumont. *Paris, s. d.*, in-folio, v. ant.

Exemplaire de d'Hozier, avec notes et additions. Il manque la planche 44 et un écusson coupé dans la planche 109.

1234. Denys. Armorial de la chambre des comptes depuis l'année 1506. *Paris, Grangé,* 1769, pet. in-4, cart. blasons coloriés.

Tome Ier.

1235. Armorial général de la chambre des Pairs de France, par de Courcelles, gravé par Lefèvre. *Paris*, 1822, 2 vol. in-4, demi-rel. mar. r. *Blasons.*

Les planches 287 à 311 n'ont pas été gravées.

1236. Précis historique, généalogique et littéraire de la maison d'Orléans. *Paris, Crapelet,* 1830, gr. in-8, portr. cart. n. rogn.

1237. F. Turotti. Cenni intorno alla Genealogia della Famiglia Buonaparte. *Brescia*, 1852, in-8, demi-rel.

1238. Le Antichità dei Bonaparte, per Federico Stefani. *Venezia,* 1857, in-fol. demi-rel. *Blasons en couleurs.*

1239. Henry Simon. Armorial général de l'Empire français. *Paris, s. d.* 2 tomes en 1 vol. in-folio, blasons, demi-rel. mar. r. (*Mouillures.*).

6. HISTOIRE NOBILIAIRE DES PROVINCES EN GÉNÉRAL ET EN PARTICULIER, 1240 A 1300.

1240. De Courcelles. Dictionnaire universel de la noblesse de France. *Paris,* 1820, 5 vol. in-8, demi-rel. v. bl.

1241. Douet-Darcq. Armorial de France à la fin du

XIVe siècle, publié d'après un manuscrit. *Paris*, *Dumoulin*, 1859, in-8, demi-rel. v. bl.

1242. P. Du Val. Armorial des anciennes provinces et gouvernements de la France. *S. d.*, p. in-8, blasons gravés et en couleurs, parch.

Soixante-treize planches. Recueil très-rare. Titre manuscrit.

1243. Armoiries des villes de France (par Bailly), 52 blasons en couleurs, in-4, demi-rel. *Manuscrit.*

1244. Armorial d'Alsace, publié pour la première fois. *Paris*, *Aubry*, 1861, in-8, pl. de blasons gravées, demi-rel. ch. r.

1245. Vicomte de Bastard d'Estang. La Noblesse d'Armagnac, en 1789. *Paris*, *Dentu*, 1862, gr. in-8, demi-rel. v. r.

1246. Xaupi. Recherches historiques sur la noblesse des citoyens honorés de Perpignan et de Barcelone. *Paris*, *Noyon*, 1763. in-12, v. m.

1247. J.-B. Bouillet. Nobiliaire d'Auvergne. *Clermond-Ferrand*, *Pérol*, 1853, 7 vol. gr. in-8, demi-rel. mar. r.

1248. — Dictionnaire héraldique de l'Auvergne. *Clermont-Ferrand*, 1857, in-8, demi-rel. mar. r. *Blasons.*

1249. Priviléges de la ville de Bourges et confirmation d'iceux, avec la liste chronologique des prud'hommes, maire et eschevins. *Bourges*, *J. Chaudière*, 1661, in-4, fig. parch.

Très-rare.

1250. Georges de Soultrait. Armorial du Bourbonnais. *Moulins*, *Desrosiers*, 1857, gr. in-8, pl. de bl. gr. demi-rel. ch. viol.

1251. Palliot. Le Parlement de Bourgogne. *Dijon*, *Palliot*, 1649, pet. in-fol. v. ant. blasons.

Mouillé et raccommodé.

1252. J. Le Roux. Recueil de la noblesse de Bourgogne, Luxembourg, Limbourg, Flandres, etc. *Lille*, 1715, pet. in-4, v.

1253. Armorial de Bourgogne et de Bresse, par J. Chevillard. *Paris*, 1726, in-fol. demi-rel. (*Nouveau tirage*.)

1254. Catalogues et armoiries des gentilshommes qui ont assisté à la tenue des Etats généraux du duché de Bourgogne de 1548 à 1682. *Dijon, J.-F. Durand*, 1760, in-folio, blasons, demi-rel. (*Taché*.)

1255. (Guy le Borgne). Armorial de Bretagne. *Rennes, P. Garnier*, 1681, pet. in-fol. blasons, v. m.

Très-rare. Il n'y a qu'une édition, le titre seul de 1667 a été changé.

1256. R. P. Toussaint. Mémoires sur l'état du clergé et de la noblesse de Bretagne. *Paris, Ve Prignard*, 1691, 2 vol. in-8, blasons, demi-rel. dos et coins de ch. bl. (*Réimpression, complet avec les cartons*.)

1257. Potier de Courcy. Nobiliaire de Bretagne. *St-Pol de Léon*, 1846, gr. in-4, demi-rel. v. r.

1258. — Nobiliaire et armorial de Bretagne. 2e édition. *Paris, Aubry*, 1862, 3 gr. vol. in-4, demi-rel. v. r.

1259. L. Briant de Laubrière. Armorial général de la Bretagne. *Paris, Dumoulin*, 1844, in-8, demi-rel. v. r.

1260. Hipp. du Plessis de Grenédan. Etat de la noblesse bretonne, déclarée d'ancienne extraction par la chambre de 1668-71. *Rennes*, 1844, in-8, demi-rel. v. r.

1261. Potier de Courcy. Dictionnaire héraldique de Bretagne. *St-Brieuc, Prud'homme*, 1855, in-8, demi-rel. v. r.

1262. De Caumartin. Procez-verbal de la recherche de la noblesse de Champagne. *Châlons*, *Seneuze*, in-8, v. (*Piqûres.*)

1263. Recherches sur le droit français et sur la noblesse utérine de Champagne (par Grosley). *Paris*, *Le Boucher*, 1781, in-12, v. m.

1264. Biston. De la Noblesse maternelle en Champagne et de l'abus des changements de nom. *Châlons*, 1859, in-12, demi-rel.

1265. E. de Barthélemy. Armorial de la ville de Châlons-sur-Marne. *Châlons*, *Laurent*, 1856, in-12, demi-rel. v. r.

1266. Guy Allard. Nobiliaire de Dauphiné, ou discours historiques des familles nobles qui sont en cette province. *Grenoble*, *R. Philippes*, 1671, in-12, v. m.

1267. Philippe de l'Espinoy. Recherche des antiquitez et noblesse de Flandres. *Douai*, *Ve Marc Wyon*, 1631, in-fol. v. br.

Très-rare. On a ajouté une table manuscrite à la fin du volume.

1268. P. Roger. Noblesse et chevalerie du comté de Flandre, d'Artois et de Picardie. *Amiens*, *Duval*, 1843, gr. in-8, fig. et pl. de bl. gr. demi-rel. ch. r.

1269. Noblesse et chevalerie du comté de Flandre, d'Artois et de Picardie, publié par Roger. *Amiens*, 1843, gr. in-8, fig. de blasons.

1270. Borel d'Hauterive. Armorial de Flandre, du Hainaut et du Cambrésis, 1696-1710, publié d'après les manuscrits. *Paris*, *Dumoulin*, 1856, gr. in-8, blasons gravés, demi-rel. ch. r.

1271. Les Chastelains de Lille, leur ancien estat, office et famille, par Floris van der Haer. *Lille*, *Christ. Beys*, 1611, in-4, v. br.

1272. L'abbé F. Renon. La Diana, au point de vue historique et héraldique. *Paris*, *Dumoulin*, 1844, in-8, demi-rel. v. bl. et atlas in-folio, 49 planches en couleurs.

1273. (Jacques Béjart.) Recueil des titres, qualités, blasons et armes des seigneurs barons des Estats généraux de la province du Languedoc tenus par son altesse Mgr le prince de Conty. *Montpellier,* 1634, in-folio, blasons, v. m.

1274. Gastelier de la Tour. Armorial des Etats du Languedoc. *Paris*, *Vincent,* 1767, in-4, blasons, demi-rel. bas.

1275. Louis de la Roque. Armorial de la noblesse du Languedoc. *Paris*, *F. Didot*, 1860, 2 vol. in-8, demi-rel. mar. r. *Blasons*.

1276. Annuaire historique et généalogique de la province de Languedoc par Louis de la Roque (1re année). *Paris*, *Dentu*, 1861, in-8, demi-rel. mar. r.

1277. Husson l'Ecossais. Armorial de Lorraine et de Bar. *Paris*, 1674, in-fol. fig. demi-rel. v. r.

Tirage moderne.

1278. Très-humble Remontrance au roi par les gentilshommes de Lorraine, présentée en 1607, par Pillement de Russange. *Pont-à-Mousson*, 1859, in-12, demi-rel v. r.

Pièce en vers rééditée par M. Durand de Lançon.

1279. Dom Ambroise Pelletier. Nobiliaire ou Armorial général de la Lorraine et du Barrois. *Nancy*, *Thomas*, 1758, gr. in-fol. v. f. *Blasons*.

Bel exemplaire non rogné.

1280. Nobiliaire de Lorraine. In-4, v. br.

Manuscrit du XVIIIe siècle.

1281. J. Cayon. Ancienne Chevalerie de Lorraine. *Nancy*, *Cayon-Liébault,* 1850, gr. in-4, blasons, papier vergé, cart.

1282. — Les Ducs de Lorraine, 1048-1737. Costumes et notices historiques. *Nancy*, *Cayon-Liébault*, 1854, gr. in-4, fig. sur cuivre, cart.

1283. V. Bouton. De l'Ancienne Chevalerie de Lorraine. *Paris*, 1861, in-12, demi-rel. ch. r.

1284. Le duc René. Nobiliaire du duché de Lorraine. *Gand*, *Duquesne*, 1862, in-12, pap. vergé, demi-rel. v. bl.

1285. A. Grenser. Armorial de Lorraine. Recueil des armes de l'ancienne chevalerie de Lorraine, publ. d'après un manuscrit du noble J. Callot, héraut d'armes du duc Charles II. *Leipsic*, *Priber*, 1863, in-4, demi-rel. mar. rouge.

1286. Armorial général du Lyonnais, Forez et Beaujolais. Le tout composé de 2,080 blasons dess. et d'environ 3,000 notices héraldiques et généalogiques. *Lyon*, *A. Brun*, 1860, gr. in-8, toile.

1287. Cl. Cachet de Garnerans. Abrégé de l'histoire de la souveraineté de Dombes. *Thoissei*, *J. Le Blanc*, 1696, in-4, blasons, demi-rel.

Manque la carte de la principauté.

1288. George de Soultrait. Armorial de l'ancien duché de Nivernais. *Paris*, *V. Didron*, 1847, gr. in-8, pl. de bl. grav. demi-rel. v. r.

1289. Nobiliaire de Normandie, fait et dressé par Dubuisson. *Paris*, *Delorme*, *successeur de Dubuisson*, *s. d.*, in-fol. obl. 27 *pl.*

Figures en partie coloriées. Exemplaire défectueux.

1290. A. Canel. Armorial de la province, des villes, des évêchés de Normandie. *Rouen*, *Péron*, 1849, in-8, demi-rel. v. r.

1291. L. Froland. Mémoires concernant le comté-pairie d'Eu. *Paris*, *Ve Charpentier*, 1722, in-4, v. m.

1292. C. de Vassal. Généalogies des principales familles de l'Orléanais. *Orléans*, *Herluison*, 1862, in-8, blasons, demi-rel. mar. bl.

1293. Marre. Les Seigneurs de Nogent-le-Roi. *Dreux*, 1861, in-12, demi-rel. v. r.

1294. A. Matagrin. La Noblesse du Périgord en 1789. *Périgueux*, *A. Boucharie*, 1857, in-8, blasons, demi-rel. ch. r.

1295. Haudicques de Blancourt. Nobiliaire de Picardie. *Paris*, *J. Jombert*, 1695, in-4, v. m.

Exemplaire antérieur aux remaniements et suppressions.

1296. A Notre-Dame de Boulogne, chant triomphal par l'abbé F. George. *Paris*, *de Soye*, 1857, in-8, demi-rel. v. viol.

Relié ensemble : Le Cygne dans les armes de Boulogne, par l'abbé Haigneré.

1297. Artefeuil. Histoire héroïque et universelle de la noblesse de Provence. *Avignon*, *veuve Girard*, 1757, 2 vol. in-4, pl. de bl. gr. v. ant.

1298. H. Gourdon de Genouillac. Nobiliaire du département des Bouches-du-Rhône. *Paris*, *Dentu*, 1863, gr. in-8, demi-rel. ch. r.

1299. Costa de Beauregard (le marquis). Familles historiques de Savoie. *Chambéry*, *Pethod*, 1844, gr. in-4, blasons, demi-rel.

1300. (De l'Hermite-Souliers.) Inventaire de l'histoire généalogique de la noblesse de Touraine. *Paris*, *Alliot*, 1669, pet. in-fol. cart.

Incomplet de la carte de Touraine et des fol. 67 et 68.

7. HISTOIRE DES MAISONS NOBLES.

1301. P. Du Val. Petites tables généalogiques, en 13 pl. Orbis veteris Partes. *Paris*, 1654, 20 pages. Les noms anciens et nouveaux des lieux où les conciles ont été tenus. *Paris*, 1660, 72 pages. Le monde chrétien, où sont les cartes des archeveschez et des eveschez de l'Univers. *Paris*, *s. d.*, 16 cartes. Le tout en 1 vol. pet. in-12, v. ant.

1302. Entretiens familiers pour l'instruction de la

noblesse étrangère, avec les alliances des roys et princes. *Genève*, *Widerhold*, 1665, in-12, parch.

Dans le même volume : Histoire des joyaux et des principales richesses de l'Orient et de l'Occident. 1665.

1303. R. P. Buffier. Introduction à l'histoire des maisons souveraines de l'Europe. *Paris, Coustelier*, 1717, 3 vol. in-12, v. f. *Tableaux généalogiques*.

1304. (L'abbé Bresler.) Les Souverains du monde, contenant la généalogie de leurs maisons. *G. Cavelier*, 1718, 4 vol. in-12, v. ant.

1305. Laurent Le Blond. Quartiers généalogiques des illustres et nobles familles d'Espagne, d'Allemagne, d'Italie, de France, etc. *Bruxelles*, 1731, in-4, blasons, bas.

1306. (L. Chasot de Nantigny.) Les Généalogies historiques des rois, empereurs, et de toutes les maisons souveraines. *P.-F. Giffart*, 1736, 4 vol. in-4, fig. gr. v. m.

1307. La Genealogia moderna delle case più illustri di tutto il mondo. *In Venetia*, 1746, pet. in-8, vélin.

1308. Wappen. Almanach der Souverainen Regenten Europas. *S. l. s. d.*, in-4, cart. *Blasons*.

1309. De La Chesnaye-Desbois. Etrennes à la noblesse, contenant l'état actuel des maisons des princes souverains de l'Europe pour l'année 1780. *Paris*, *Valade*, 1780, in-12, v. m.

1310. Laurent le Blond. Quartiers généalogiques des illustres et nobles familles d'Espagne, d'Allemagne, de France, de Bourgogne, etc. *Bruxelles*, *Ermens*, 1788, 2 vol. pet. in-8, demi-rel. v. f.

1311. Histoire généalogique des maisons souveraines de l'Europe. *Paris*, *Lepetit*, 1811, 2 vol. pet. in-8, demi-rel. mar. r.

1312. Recherches sur l'origine de plusieurs maisons

souveraines d'Europe. *Berlin, Schneider*, 1863, in-8, demi-rel. v. v.

1313. Le Nouveau Armorial universel, contenant les armes et blasons des maisons nobles de France. *Paris, Loyson*, 1663, in-fol. *Dérelié.*

1314. (Le P. Anselme.) Le Palais de la Gloire, contenant les généalogies historiques des illustres maisons de France. *Paris, P. Bessin*, 1664, in-4, vélin.

1315. Armorial général, ou Registres de la noblesse de France, par d'Hozier (reproduction de l'édition originale). *Paris, Didot*, 1862-68, 23 liv. in-fol. broch.

1316. D'Hozier. Certificats de Noblesse aux armoiries peintes *et la signature de d'Hozier*. 1698, in-4, demi-rel. 25 *feuilles sur vélin.*

Familles de Bourgogne : Jacques du Parc, de Montholon, Chabrier, Dartemarc, J. Jolly, de Morey, de Tuligny-Damas, etc., etc.

1317. Noms féodaux, ou noms de ceux qui ont tenu fiefs en France depuis le XIIe siècle. *Paris, Baucé-Rusand*, 1826, 2 vol. in-8, demi-rel. bas.

1318. D'Hozier. Armorial général d'Hozier, ou Registre de la noblesse de France. *Paris, Lécureux*, gr. in-8, fig. et pl. de bl. en couleur, demi-rel. ch. r.

1319. — Indicateur nobiliaire, ou Table alphabétique des noms des familles nobles susceptibles d'être enregistrées dans l'Armorial général. *Paris, Doublet*, 1818, in-8, demi-rel.

1320. — Indicateur du Grand Armorial général de France. *Paris, Bachelin-Deflorenne*, 1865, 2 vol. in-8, demi-rel., ch. r.

1321. (Waroquier de Combles.) Armorial des principales maisons de France et étrangères. *Paris, Le Boucher*, 1782, 2 vol. in-12, blasons gravés, v. m.

1322. Waroquier de Combles. Tableau généalogique

et historique de la noblesse. *Paris*, *Nyon*, 1786, 3 vol. in-12, v. m.

1323. Dubuisson. Armorial des principales maisons et familles du royaume. *Paris*, *Guérin*, 1757, 2 vol. in-12, blasons gravés, v. marbr.

1324. (La Chesnaye des Bois.) Dictionnaire généalogique, héraldique, chronologique et historique. *Paris*, *Duchesne*, 1757, 7 vol. in-12, v. m.

1325. Dictionnaire de la noblesse (par La Chesnaye Des Bois). *Paris*, *veuve Duchesne*, 1772, 12 vol. in-4, v. m.

1326. De Saint-Allais. Armorial des familles nobles de France. *Paris*, 1817, in-8, demi-rel. blasons. (*Première livraison*.)

1327. De Courcelles. Dictionnaire universel de la noblesse de France. *Paris*, 1820, 2 vol. in-8, demi-rel. v. v. tr. peigne. (*Taché*.)

1328. De Magny. Deuxième Registre du Livre d'or de la noblesse de France. *Paris*, 1845, gr. in-4, fig. et blasons, toile, tr. dor.

1329. H.-J.-G. de Milleville. Armorial historique de la noblesse de France. *Paris*, *Vaton*, 1845, gr. in-8, blasons, demi-rel., v. r.

1330. H. Gourdon de Genouillac. Recueil d'armoiries des maisons nobles de France. *Paris*, *Dentu*, 1860, gr. in-8, demi-rel. ch. r.

1331. Blasons coloriés des maisons de France. Environ 100 blasons sur papier fort.

1332. Mémoire historique sur l'ancienne et illustre maison des seigneurs de Bazentin, de Montauban, de Hervilly, de Malapert, d'après les documents de P. d'Hosier. *Mons*, *Manceaux*, 1860, gr. in-4, fig. et blasons coloriés, demi-rel. v. bl.

1333. N. de Pontaumont. Recherches généalogiques et héraldiques sur la famille Nicolazo de Barmon et ses alliances. *Cherbourg*, 1858, in-8, demi-rel. v. r.

1334. Précis généalogique et historique de la maison de Carondelet, connue anciennement sous le nom des barons de Chauldey en Bresse. *S. l. n. d.*, in-8, bas.

1335. Dom Augustin Calmet. Histoire généalogique de la maison du Châtelet. *Nancy*, *J.-B. Cusson*, 1741, in-folio, blasons, v. ant.

1336. Du Bouchet. Histoire généalogique de la maison royale de Courtenay. *Paris, J. Du Puis*, 1661, gr. in-folio, v. ant. *Blasons*.

1337. Les Généalogies du sieur Guillard, suivies des réfutations du marq. D***. *Paris*, 1861, in-8, demi-rel. v. v.

1338. (Le Père Simplicien.) Extrait de la généalogie de la maison de Mailly avec les preuves. *Paris, Ballard,* 1757, gr. in-4, fig. et blasons, v. m.

1339. Désormeaux. Histoire de la maison de Montmorenci. *Paris*, *Desaint*, 1764, 5 vol. in-12, v. m.

1340. (Marquis de Saint-Mauris.) Généalogie historique de la maison de Saint-Mauris du comté de Bourgogne. *S. d.*, pet. in-folio, demi-rel. *Blasons.*

1341. De Sainte-Marthe. Histoire généalogique de la maison de la Trémoille. *Paris*, *S. Piget*, 1667, in-12, v. ant.

1342. Comte G. de Montgrand. Liste des Gentilshommes de Provence qui ont fait leurs preuves de noblesse pour avoir entrée aux états tenus à Aix, de 1787 à 1789. *Marseille, M. Olive*, 1860, in-8, demi-rel. v. r.

1343. P. Lacroix. Dissertation sur quelques points curieux de l'histoire de France et de l'histoire littéraire. *Paris, Techener*, 1841, in-8, demi-rel., v. r.

Les Citoyens nobles de Perpignan. Tiré à cinquante exemplaires.

8. HISTOIRE NOBILIAIRE ÉTRANGÈRE.

1344. Chronica die hiet. Fasciculus temporum (door Werner Rolevinck). (*Ad finem :*) *Hier eyndel....by my Volmaecht Jan Veldenaer, tot Utrecht*, 1480. In-fol., gothique, figures sur bois, coloriées anciennement, demi-rel. v.

Les feuillets 2 et 330 sont écrits à la main. C'est le plus ancien volume où se trouve des armoiries.

1345. Genealogia comitum Flandriæ, a Balduino Ferreo usque ad Philippum IV, variis sigillorum figuris repræsentata, auct. Olivario Vredio. *Brugis*, 1642, in-fol. demi-rel. fig.

1346. (Visiano, sieur de Hove.) Nobiliaire des Pays-Bas et du comté de Bourgogne. *Louvain, J. Jacobs*, 1760, 2 vol. in-12, v. m. — Supplément, 1775, 6 vol. — Le Vrai Supplément (par le Chevalier de Hollebert d'Ascow), 1774. — Corrections au nobiliaire (par Dumont, official des états de Brabant. *Liége*, 1780. — Ensemble, 10 vol. in-12.

1347. Le Nouveau vrai Supplément aux deux volumes du Nobiliaire des Pays-Bas et de Bourgogne. *Gand*, 1861, in-12, demi-rel. v. f.

1348. Jurisprudentia heroïca, sive de Jure Belgarum circa nobilitatem (auth. J.-B. Christyn). *Bruxellis*, 1668, in-fol. v. *Blasons*.

1349. Nobilitas, sive septem tribus patriciæ Antuerpienses. *Lugd. Bat.*, 1672, in-12, demi-rel.

1350. J. de Hemricourt. Miroir des nobles de Hasbaye, composé en forme de chronique. Mis du vieux en nouveau langage, par le sieur de Salabrey. *Bruxelles, H. Fricx*, 1673, in-folio, front. et blasons gravés, v. br.

Première édition, rare et estimée.

1351. Crist. Butkens. Trophées tant sacrés que

profanes du duché de Brabant. *La Haye*, 1724, 4 vol. in-fol. blasons et tables généalog. v.

1352. Liste des titres de noblesse, chevalerie et autres marques d'honneur, accordez par les souverains des Pays-Bas. *Bruxelles, J. Ermens*, 1784, in-12, demi-rel. v. f.

1353. Stein d'Altenstein (le baron Isid. de). Armorial du royaume de Belgique. *Bruxelles*, 1845, in-4, demi-rel. mar. vert, blasons coloriés.

1354. Reiffenberg (le baron de). Recueil héraldique et historique des familles nobles de Belgique. *Anvers, Rapoll fils*, gr. in-8, fig. demi-rel. dos et coins de v. f.

1355. The British Compendium, or Rudiments of honour, containing the nobility of England. *London*, 1721, in-16 v. br.

1356. The New Peerage of England. *London*, 1778, 3 vol. in-8, cart. n. rogn.

1357. Kearsley. Complete Peerage of England. *London*, 1790, in-16 (*Blasons*).

1358. Debrett's Peerage of the united Kingdom. 1825, 2 vol. pet. in-8, cart. (*Blasons*).

1359. The Armorie of England, Scotland and Ireland, by John Burke. *London*, 1842, gr. in-8, cart.

1360. Heraldic illustrations comprising the armorial bearings of the principal families of the Empire, by J. Burke. *London*, 1844, gr. in-8. (*Blasons*.)

1361. Royal Descents, a genealogical list of the several persons entitled to quarter the armes of the R. House of England. *London*, 1845, in-4, cart. (*Blasons coloriés.*)

1362. A Genealogical and Heraldic Dictionary of the peerage of England, Ireland and Scotland. *London*, 1846, in-8, cart.

1363. The Peerage, baronetage of Great Britain and Ireland, by Dod. *London*, 1857, in-12, cart.

1364. The Peerage of Scotland, containing an histor. and geneal. account of the Nobility of that Kingdom, by sir Rob. Douglas. *Edinburgh*, 1813, 2 vol. in-fol. blasons, cart. n. rogn.

1365. Nobiliario genealogico de los Reyes y títulos de Espana, compuesto por Alonso Lopez de Haro. *Madrid*, 1622, 2 vol. in-fol. bas.

1366. Catalogo real y genealógico de España, por Rod. Mendez Silva. *Madrid*, 1656, in-4, vélin.

1367. Imhof. Recherches historiques et généalogiques des grands d'Espagne. *Amsterdam*, *Z. Chastelain*, 1707, in-12, parch. (*Blasons*.)

1368. Nobiliario Mallorquin por Don J. Maria Bover. *Palma*, 1850, pet. in-4, demi-rel. bas. fig. de blasons.

1369. Nobiliarchia Portugueza, por Manoel Ant. Monteiro de Campos. *Amsterdam*, 1754, in-4, v. br.

1370. Il Mercurio Araldico in Italia, dal cav. de Beatiano. *Venetia*, 1680, in-4, bas.

1371. Juvarra (Phil.). Raccolta di Targhe fatte da professori primari in Roma. 1722, in-4, demi-rel. 51 *planches de blasons*.

1372. Comte de Tournon. Le Livre d'or du Capitole. Catalogue officiel de la noblesse romaine. *Paris*, *J. Lecoffre*, 1864, in-8, demi-rel. v. r.

1373. Gloriæ Theatrum, dicatum excellentissimæ Dominæ Ucedæ duci. *Milano*, 1671, in-fol. demi-rel. v. f. fig.

Figures représentant les cérémonies faites aux obsèques de la duchesse d'Ossuna.

1374. Le Arme, overo insegne di tutti li nobili della magnifica città di Venetia. *Venetia, Bindoni*, 1561, in-4, vélin, blasons coloriés.

1375. Blasone Veneto, delineato dal P. Coronelli. *S. l. n. d.*, in-4 obl. demi-rel. v. f. *Blasons*.

1376. Memorie concernenti l'origine delle famiglie dei Veneti Cittadini, estratte da due codici del XVI° secolo. *In Venetia*, 1775, in-8, vélin.

1377. Discorsi delle famiglie nobili del regno di Napoli, del signor Carlo de Lellis. *Napoli*, 1654, in-fol. *Blasons*.

Première partie.

1378. Sabaudorum ducum principumque historiæ gentilitiæ libri duo, Lamb. Vanderburchio authore. *Ex officina Plantiniana*, 1599, in-4, vélin. *Blasons*.

1379. Argostino della Chiesa. Fiori di Blasoneria per ornare la Corona di Savoja (ristampati secondo l'edizione del 1655). *Turino*, 1655, in-4, demi-rel.

1380. Prince A. de Pons. Maison de Savoie (origine). *Paris*, *F. Didot*, 1842, p. in-8, mar. bl. fil. tr. dor.

1381. Römischer Kayserlichen auch zu Hungern und Behaimb Königlichen Mayestät Wappen. *Anno Christi* 1578, environ 1,000 blasons coloriés, in-fol. demi-rel.

1382. Patriciarum stirpium Insignia. *Auspurg*, 1613, in-4, cart.

Figures de chevaliers armés de toutes pièces, avec écussons armoriés.

1383. Arboretum genealogicum exhibens omnes fere Imperii principes à Rudolpho I Imp. descendentes, collectum à J. Gans. *Coloniæ Agripp.*, 1638, in-fol. parch.

1384. De admiranda sacra et civili Magnitudine. *Coloniæ Agrippinæ*, 1645, in-4, vélin. (*Blasons*.)

1385. Teutsche Wappenbuch. *Nürnberg*, 1657, 4 vol. pet. in-4, vélin. (*Planches de blasons*.)

1386. Grands Maîtres de l'ordre Teutonique. — Armorial de Styrie et de Carinthie. — Armoiries anciennes. — Blasons allemands. Environ 2000 fig. d'armoiries coloriées en 1 vol. pet. in-fol. v. br.

Manuscrit rédigé vers 1660 et rempli de notes en français et en latin.

1387. Observationes eugenialogicæ et heroïcæ, sive materiem nobilitatis gentilitiæ jus insignium et heraldicum complectentes. *Coloniæ Agrippinæ*, 1678, in-4, v. br.

1388. Armoiries de familles allemandes, coloriées, sur vélin et sur papier, pet. in-fol. cart.

Manuscrit daté de 1692.

1389. Selva genealogica delle auguste famiglie de' Cesari, da Francesco Tomasini. *Vicenza*, 1697, in-4, cart.

1390. J.-W. Imhofii Notitia sacri Romani Germanici imperii procerum genealogica. *Tubingæ*, 1732, in-fol. v

1391. Genealogischer handschreib. Calender. 1743, in-16, cart.

Volume gravé.

1392. Tables généalogiques des augustes maisons d'Autriche et de Lorraine, par le baron de Zur Lauben. *Desaint*, 1770, in-8, v. m.

1393. Joh. Siebmachers allgemeines Wappenbuch. *Nürnberg*, 1772, 6 tomes en 1 vol. gr. in-fol. p. de tr.

Ce volume comprend plus de mille planches de blason.

1394. C. Wagner. Collectanea genealogico-historica illustrium Hungariæ familiarum. *Posonii*, 1802, in-8, demi-rel.

1395. Borel d'Hauterive. Précis historique sur la Maison royale de Saxe. *Paris*, 1843, gr. in-4, arm. et pl. de bl. gr. demi-rel. dos et coins de v. n.

1396. Armorial du Saint-Empire (en allemand). In-4, cart. (*Blasons coloriés.*)

1397. Généalogie de l'auguste Maison d'Autriche, depuis le 1er empereur. In-4, bas.

Recueil de blasons dessinés et coloriés.

1398. Notices sur les familles illustres et titrées de

la Pologne. *Paris, Franck*, 1862, in-8, demi-rel. v. r. *Blasons*.

1399. Le Prince Pierre Dolgorowski, répertoire de généalogie (en russe). *Saint-Pétersbourg*, 1840, in-8, cart. *Blasons des familles russes*.

1400. B. de Kœhne. Notice sur les sceaux et les armoiries de la Russie. *Berlin*, 1861, gr. in-4, fig. gr. demi-rel. dos et coins de v. n.

1401. Sweriges Rikes... Armorial suédois. *Stockholm*, 1746, in-fol. v. br. *Blasons*.

1402. J.-D. Blavignac. Armorial génevois. Essai sur les armoiries, les bannières, les médailles et les monnaies. *Genève*, 1849, in-8, demi-rel. v. f. 46 *planches*.

1403. Recueil d'armoiries étrangères peintes sur vélin et sur papier. 20 ff. in-12 obl.

9. OUVRAGES DU PÈRE MENESTRIER.

1404. P. Allut. Recherches sur la vie et sur les œuvres du père Menestrier. *Lyon, N. Scheuring*, 1856, in-8, papier teinté, portr. pl. gr. fac-simile de lettres inédites, demi-rel. ch. n.

1405. Claude le Laboureur. Epistre apologétique pour le discours de l'origine des armes. Gr. in-4, v. ant. *Armes de Caumartin*.

C'est pour répondre à cet ouvrage que le P. Menestrier a écrit *l'Art du blason justifié*.

1406. Menestrier. L'Art du blason justifié, ou les preuves du véritable art du blason. *Lyon, Coral*, 1661, in-12, fig. et bl. gr., v. ant.

Cet exemplaire contient six planches de blasons et non cinq indiquées par Allut, et une figure gravée page 271, omise dans sa description.

1407. — Les Recherches du blason. *Paris, E. Michallet*, 1673, in-12, v. ant. (*Titre racc.*)

1408. — Origine des Armoiries. *Paris, Guignard*, 1679, in-12, v. ant.

Piqué. Manquent deux planches.

1409. — Origine des ornements des armoiries. *Lyon, Th. Amaulry*, 1680, in-12, pl. et blasons gravés, v. br.

1410. — Le Blason de la noblesse, ou les preuves de noblesse de toutes les nations de l'Europe. *Paris, De la Caille*, 1683, in-12, v. ant.

Cet exemplaire contient, page 546, une planche non décrite par Allut.

1411. — De la Chevalerie ancienne et moderne. *Paris, De la Caille*, 1683, in-12, v. ant.

Il manque un tableau généalogique.

1412. — Les Diverses Espèces de noblesse et les manières d'en dresser les preuves. *Paris, De la Caille*, 1684, in-12, v. ant. (*Manquent* 3 *planches.*)

1413. — La Science de la noblesse, ou la nouvelle méthode du blason. *Paris, E. Michallet*, 1691, in-12, bl. gr. demi-rel. v. f.

1414. — Jeu de cartes du blason. *Lyon, Th. Amaulry*, 1692, gr. in-16, v. ant.

Texte seul.

1415. — Le Véritable Art du blason et l'origine des armoiries. *Lyon, Coral*, 1671, in-12, blasons grav. dérelié.

1416. — Le Véritable Art du blason et la pratique des armoiries depuis leur institution. *Lyon, Th. Amaulry*, 1671, in-12, blasons, v. br.

1417. — Le Véritable Art du blason, ou l'usage des armoiries. *Paris, E. Michallet*, 1673, in-12, blasons gravés, v. ant.

1418. — Abrégé méthodique des principes héraldiques, ou du véritable art du blason. *Lyon, veuve Benoît Coral*, 1673, in-12, bl. grav. v. ant.

1419. — Abrégé méthodique des principes héraldiques, ou du véritable art du blason. *Bordeaux, Simon Boé*, 1683, in-12, fig. de bl. gr. v. ant.

1420. — La Nouvelle Méthode raisonnée du blason. *Lyon, Bruyst*, 1734, in-12, fig. et bl. gr. mar. r. fil. tr. dor. (*Aux armes de France.*)

1421. — Nouvelle Méthode raisonnée du blason. *Lyon, Bruyset*, 1750, in-12, fig. et bl. gr.

1422. — Nouvelle Méthode raisonnée du blason, mise dans un meilleur ordre, par le Père Lemoine, archiviste de Lyon. *Lyon, Bruyset Ponthus*, 1770, in-8, fig. et blas. gr. v. ant.

1423. — L'Art des emblèmes. *Lyon, Benoît Coral*, 1662, in-12, fig. gr. v.

1424. L'Art des emblèmes. *Paris, La Caille*, 1684, in-8, v. fig. (*Raccommodages.*)

1425. — La Science et l'art des devises. *Paris, La Caille*, 1686, in-8, v.

1426. — Description des cérémonies et réjouissances faites à Chambéry, à la publication du bref de la béatification du glorieux évesque de Genève François de Sales. *Lyon, P. Guillemin*, 1662, in-4, demi-rel. v. f. *Figures.*

1427. — Le Temple de la sagesse ouvert à tous les peuples, dessein des peintures de la grande cour du collége de la T.-S. Trinité. *Lyon, Malin*, 1663, pet. in-8, mar. r. fil. tr. dor. (*Anc. rel.*)

Cent soixante pages, avec le mot *fin*. Il faudrait cependant une troisième partie intitulée *Description des ornements de l'entrée et de la galerie.*

1428. — Eloge historique de la ville de Lyon. *Lyon, Benoît Coral*, 1669, gr. in-4, fig. et bl. gr. v. ant.

1429. — Traité des Tournois, joustes, carrousels et autres spectacles publics. *Lyon, J. Muguet*, 1669, gr. in-4, f. g. v. ant.

1430. — Oraison funèbre de très-haut et très-puissant prince Henry de la Tour-d'Auvergne, vicomte de Turenne. *Paris*, 1676, in-12, cart.

Allut ne cite que l'édition in-4. Cette petite édition est sans frontispice ni culs-de-lampe.

1431. — La Devise du roy justifiée. *Paris, Et. Michalet*, 1679, in-4, demi-rel. v. f. fig.

1432. — Des Représentations en musique anciennes et modernes. *Paris, Guignard*, 1681, in-12, v. br.

1433. — Des Ballets anciens et modernes, selon les règles du théâtre. *Paris, Guignard*, 1682, in-12, v. br.

1434. — Devises des princes, cavaliers, dames et autres personnes illustres, ou la Philosophie des images. *Paris, Robert de la Caille*, 1683, 2 vol. in-8, bas.

1435. — Des Décorations funèbres. *Paris, de la Caille*, 1683, in-8, v. ant.

1436. — La Philosophie des images énigmatiques. *Lyon, Hilaire Baritel*, 1694, in-12, v. ant.

1437. — La Philosophie des images énigmatiques. *Lyon, J. Guerrier*, 1694, pet. in-8, fig. mar. br. tr. dor. (*Hardy*).

Bel exemplaire.

1438. Philosophia imaginum. *Amst.*, 1695 in-8, fig. demi-rel.

1439. — Les Divers Caractères des ouvrages historiques, avec le plan d'une nouvelle histoire de la ville de Lyon. *Lyon, B. et N. de Ville*, 1694, in-12, demi-rel., ch. v.

1440. — Histoire du roy Louis le Grand. *Paris, Nolin*, 1693, in-fol. fig. bl. et pl. gr., v. ant.

1441. — Dissertation des lotteries. *Lyon, L. Bachelu*, 1700, in-12, v.

1442. Bibliothèque curieuse et instructive. *Trévoux*, 1704, 2 tomes en 1 vol. in-12, v. ant.

1443. Dissertation sur l'usage de se faire porter la queue, nouvelle édition avec notes. *Lyon, Barret*, 1829, in-8, demi-rel. v. f.

SUPPLÉMENT.

1444. PRECES PIÆ. pet. in-4, relié en velours noir. (141 ff.)

Très-beau manuscrit du XVe siècle, avec calendrier en français. Il est écrit en bâtarde. Toutes les grandes lettres sont en or et en couleur. Il est orné de quinze grandes miniatures, quarante-trois petites, et cinquante pages sont encadrées d'arabesques.

1445. *Preces piæ*. In-64, parchemin.

Manuscrit sur parchemin du XVe siècle.

1446. HEURES DE NOSTRE-DAME, à l'usaige de Paris, 1652, in-16, v. br.

Joli manuscrit de trois cent quatre-vingt-deux pages sur vélin. Les grandes lettres sont en or et en couleur.

1447. PRECES PIÆ CUM CALENDARIO. Manuscrit du XVe siècle, sur vélin, pet. in-8, relié en velours. (172 ff.)

Ce volume est orné à toutes les pages d'arabesques et de fleurs en or et en couleur, et de dix grandes miniatures. Les premiers et les derniers feuillets sont tachés.

1448. PRECES PIÆ. Manuscrit du XVe siècle, in-8, v. br.

Ce volume porte, sur la reliure, le nom de Marguerite Quillardot. Il est orné de trois grandes et dix petites miniatures.

1449. RECUEIL DE PROSES NOTÉES. Manuscrit sur vélin du XVIe siècle, 176 ff., in-8, rel. en velours.

On y remarque les proses de plusieurs saints dominicains.

1450. Thiers. Histoire du Consulat et de l'Empire. *Paris*, 20 vol. in-8, cart. et atlas in-fol.

1451. H. Martin. Histoire de France. *Paris*, *Furne*, *s. d.*, 17 vol. gr. in-8, demi-rel., mar. r.

Bel exemplaire.

1452. Victor Hugo. OEuvres. *Paris*, *Houssiaux*, 1864, 20 vol. in-8, demi-rel., mar.

1453. Corneille. OEuvres. *Paris, Didot*, 1801, 12 vol. in-8, demi-rel., mar. r.

Édition dédiée au premier consul. Exemplaire en papier vélin. Figures de Gravelot ajoutées.

1454. J.-J. Rousseau. OEuvres. *Genève*, 1782-90, 17 vol. in-4, v. f. tr. dor.

1455. Letronne. Recherches sur Héron d'Alexandrie. *Paris, Impr. nat.*, 1851, in-4, mar. r. tr. dor. (*Capé.*)

Bel exemplaire avec lettre d'envoi.

1456. D'Argenson. Traité de la sagesse chrétienne. *Paris*, 1651. in-8, mar. r. fil. tr. dor. (*Chiffre.*).

Bel exemplaire en ancienne reliure.

1457. Montesquieu. Œuvres. *Londres*, 1767, 3 vol. in-4, v. m.

1458. Littré. Dictionnaire de la langue française. *Paris, Hachette*, 1860, 2 vol. in-4, demi-rel., mar. et livraisons.

1459. La Sainte-Bible, trad. en français. *Paris, Curmer, s. d.*. 5 vol. in-4, br. *Figures.*

1460. Ouvrages sur la Musique. Partitions reliées, opéras de Beethoven, Gounod, etc. Environ 40 parties in-fol. rel.

1462. Shakespeare's Works. *London, Pickering. w. y.*, 9 vol. in-64, cart.

1463. VOLTAIRE. OEuvres complètes. *Kehl*, 1784-89, 70 vol. in-8, v. jasp. fil. tr. dor. *Figures.*

Bel exemplaire.

1464. Le Correspondant, Journal périodique. *Paris, Douniol*, 1860 *et ann. suiv.*, in-8, demi-rel., et en livraisons.

FIN.

TABLE DES DIVISIONS.

	Nos
THÉOLOGIE	1
JURISPRUDENCE	34

SCIENCES ET ARTS.

1. Philosophie	45
2. Sciences naturelles	71
3. Sciences mathématiques	113
4. Médecine	153
5. Philosophie hermétique	166
6. Beaux-arts.	
a. *Généralités*	201
b. *Peinture*	211
c. *Gravure*	254
d. *Architecture*	298
e. *Sculpture*	336
f. *Livres d'emblèmes*	339
g. *Arts divers*	406

BELLES-LETTRES.

1. Linguistique	460
2. Poésie	471
3. Théatre	546
4. Romans	564
5. Épistolaires	624
6. Polygraphes et Collections	631

HISTOIRE.

N°s

1. Géographie. — Voyages. — Chronologie. — Histoire universelle. — Histoire ancienne 643
2. Histoire de France........ 682
3. Histoire étrangère 851
4. Archéologie, numismatique 878
5. Histoire littéraire 898
6. Biographie 903
7. Bibliographie........ 914
8. Encyclopédies. — Journaux illustrés 929

ARTICLES OMIS. — Francs-Maçons 934

BIBLIOTHÈQUE HÉRALDIQUE.

1. Science du blason. (Traités généraux, Devises, Tournois) . 944
2. Ordres de chevalerie........ 1071
3. Histoire de la noblesse et de la féodalité 1115
4. Chronologie, Journaux, Corporations........ 1190
5. Maison royale et impériale de France. — Grands officiers de la couronne........ 1197
6. Histoire nobiliaire des provinces en général et en particulier........ 1240
7. Histoire des maisons nobles en général et en particulier........ 1301
8. Histoire nobiliaire étrangère........ 1344
9. Ouvrages du père Menestrier........ 1404

SUPPLÉMENT........ 1444

FIN DE LA TABLE DES DIVISIONS.

A LA MÊME LIBRAIRIE :

Gravures sur bois tirées des livres français du quinzième siècle. *Paris*, 1868, in-4, 75 planches comprenant 324 figures et texte, dans un carton.. 20 fr.

Collection de poésies, romans, chroniques, etc., publiés d'après d'anciens manuscrits et d'après des éditions des quinzième et seizième siècles. *Paris, Silvestre*, 1838-58, 24 vol. in-16, *caractères gothiques, figures sur bois*...................................... 120 fr.

Marques typographiques des libraires et imprimeurs français depuis l'origine de l'imprimerie jusqu'en 1600, 16 livraisons gr. in-8, 1,310 figures sur bois ... . 64 fr.

Les livraisons 8 à 16 se vendent séparément chacune 4 fr.

Choix de peintures de Pompéi, lithographiées en couleur par M. Roux et accompagnées d'une explication par Raoul-Rochette. *Paris, Adolphe Labitte*, 1867. Un fort volume in-folio comprenant 321 pages de texte et 28 planches en couleur.

Ouvrage complet. Première partie : *Amours des Dieux*. — Deuxième partie : *Temps héroïques*.

Exemplaire en sept livraisons in-fol................... 80 fr.

Exemplaire relié en demi-reliure, dos de maroquin du Levant, tranche supérieure dorée.................................. 100 fr.

Beaufort. — Dissertation sur l'incertitude des cinq premiers siècles de l'histoire romaine. *Paris*, 1866, in-8, broché.............. 3 fr.

Le Maha-Bharata, traduit pour la première fois du sanscrit en français par M. H. Fauche. *Paris*, 1863-66.

Les tomes II, III, IV et V, chacun séparément............ 6 fr.

Guérard. — Polyptyque de l'abbaye de Saint-Remi de Reims, ou dénombrement des manses, des serfs et des revenus de cette abbaye, vers le milieu du neuvième siècle de notre ère. *Paris, Impr. imp.*, 1853, in-4 broché....................................... 7 fr. 50

Pauthier (G.). — Les Iles Ioniennes pendant l'occupation française et le protectorat anglais, d'après des documents tirés des papiers du général Donzelot, gouverneur général. *Paris*, 1863, in-8 broché. 2 fr.

Itinéraires anciens. — Recueil comprenant l'itinéraire d'Antonin, la table de Peutinger, et un choix des périples grecs, publié par le marquis DE FORTIA D'URBAN. *Paris, Impr. roy.*, 1845, in-4 broché et atlas in-folio de dix cartes........................... 25 fr.

Horace. — Odes traduites en vers avec le texte en regard et des notes explicatives et archéologiques par VANDERBOURG, de l'Académie des Inscriptions. *Paris*, 1812, 3 vol. in-8 brochés .... 5 fr.

Garcin de Tassy. — Histoire de la littérature hindouie et hindoustanie, 2e édition. *Paris*, 1870, 3 vol. in-8 br. .... 36 fr.

Le Livre des Cent Ballades, contenant des conseils à un chevalier pour aimer loyalement (anciennes poésies françaises). *Paris*, 1868, in-8.. 9 fr.

Pausanias. — Description de la Grèce, traduite, avec le texte en regard, par CLAVIER. *Paris*, 1814. 6 vol. in-8 brochés.............. 30 fr.

Cette traduction est accompagnée d'un index complet

Lydus. — Liber de ostensis, gr. et lat., edidit Hase. *Lutetia*, 1823. in-8 br. .... 3 fr.

Cet ouvrage renferme des détails nombreux sur les Augures depuis leur origine chez les Étrusques.

Sidoine Apollinaire. — Œuvres traduites en français avec le texte en regard et des notes, par GRÉGOIRE et COLLOMBET. *Lyon*, 1836, 3 vol, in-8, brochés.. 8 fr.

Cet auteur est, avec raison, compté parmi les meilleurs poëtes latins chrétiens.

Louville. — Mémoires secrets sur la succession d'Espagne, suivis de lettres écrites de Buénos-Ayres en 1710, sur le gouvernement des pères jésuites et la traite des nègres, publiés par le marquis DU ROURE. *Paris*, 1818, 2 vol. in-8 brochés........................ 8 fr.

Saint-Martin. — Nouvelles Recherches sur la mort d'Alexandre. *Paris*, 1820, in-8, papier vélin, broché.................... 2 fr.

Raoul-Rochette. — Mémoires de numismatique et d'antiquité. *Paris, Impr. roy.*, 1840, in-4 br. *Planches*......................... 6 fr.

Barbier de Meynard. — Dictionnaire géographique, historique et littéraire de la Perse, extrait de *Yakout*, et complété à l'aide de documents arabes et persans inédits. *Impr. imp.*, 1861, gr. in-8 br. 12 fr.

Aristoxène. — Les Éléments harmoniques, traduits en français pour la première fois par M. Ch.-Em. RUELLE. *Paris, Pottier De Lalaine*, 1870, in-8.. 5 fr.

Ouvrage couronné par l'Association pour l'encouragement des études grecques en France.

www.ingramcontent.com/pod-product-compliance
Ingram Content Group UK Ltd.
Pitfield, Milton Keynes, MK11 3LW, UK
UKHW031910260826
14628UKWH00003B/1110

9 782329 526157